D1238366

Tierra Madre

Giovanna Rodríguez

Tierra Madre

Retorno a la sabiduría ancestral

EDICIONES OBELISCO

Si este libro le ha interesado y desea que le mantengamos informado
de nuestras publicaciones, escríbanos indicándonos qué temas son de su interés
(Astrología, Autoayuda, Psicología, Artes Marciales, Naturismo,
Espiritualidad, Tradición…) y gustosamente le complaceremos.

Puede consultar nuestro catálogo en www.edicionesobelisco.com

Colección Nueva conciencia
Tierra Madre
Giovanna Rodríguez

1.ª edición: octubre de 2020

Maquetación: *Isabel Also*
Corrección: *TsEdi, Teleservicios Editoriales, S. L.*
Diseño de cubierta: *Isabel Estrada*

© 2020, Juana Aurora Rodríguez Díaz
(Reservados todos los derechos)
© 2020, Ediciones Obelisco, S. L.
(Reservados los derechos para la presente edición)

Edita: Ediciones Obelisco, S. L.
Collita, 23-25. Pol. Ind. Molí de la Bastida
08191 Rubí - Barcelona - España
Tel. 93 309 85 25
E-mail: info@edicionesobelisco.com

ISBN: 978-84-9111-579-3
Depósito Legal: B-4.105-2020

Impreso en los talleres gráficos de Romanyà/Valls S. A.
Verdaguer, 1 - 08786 Capellades - Barcelona

Printed in Spain

Dedicado
A Julieta, mi madre
A Julián, mi esposo

Prólogo

Vivimos tiempos convulsos. Se diría que la humanidad ha perdido su norte en medio de una gigantesca nube de confusión que afecta a todos los campos del quehacer humano. Sin embargo, precisamente ahora, nuevas y poderosas energías parecen estar llegando a un ser humano expectante. Momentos de incertidumbre y de esperanza que podrían augurar a la humanidad perspectivas de un futuro mejor y más espiritual siempre que superemos este nuevo y difícil reto cuyo resultado final va a depender de nosotros mismos, de nuestra decisión de actuar libre y responsablemente.

Es evidente que no existe eso que llamamos azar. Llegamos a este momento y somos lo que somos gracias al ingente trabajo de nuestros ancestros, un trabajo de búsqueda que atañe a la mismísima esencia espiritual del ser humano y que trasciende épocas, culturas y religiones.

Antes como ahora y hasta donde sea posible, intentamos vislumbrar lo que se oculta tras los velos de aquello que los indios americanos denominan el Gran Misterio. Éste es el leitmotiv del libro que nos presenta Giovanna. En síntesis, por una parte, un reconocimiento del afán vital atemporal del ser humano por encontrarse a sí mismo o encontrar su propia divinidad tal y como la propia autora pone de manifiesto; y, por otra, la función esencial que tenían y tienen los lugares sagrados en la consecución de ese objetivo.

En efecto, no existe un solo lugar en este bello planeta azul que nos acoge en el que no esté presente el culto a la Gran Madre focalizado en uno de estos puntos clave. ¿Por qué esa añoranza nostálgica que nos embarga con la simple mención de la Gran Madre y de los lugares que la cobijan?

Como bien apunta Giovanna, culturas de los cinco continentes han utilizado esos espacios emblemáticos considerados sagrados por sus especiales características, entre las que se encuentra una perfecta conjunción cosmotelúrica y la presencia de agua, elementos sin los cuales carecerían de operatividad. Espacios clave de aceleración evolutiva amplificados en la mayoría de los casos por una envoltura geométrica sagrada descubierta en la naturaleza y utilizada por todos los sabios que a lo largo de la historia han sido. Es preciso subrayar que estos enclaves, vigentes también hoy, ocultan celosamente sus secretos a los que con curiosidad turística o desde perspectivas meramente intelectuales se acercan a ellos. Giovanna recuerda: la Gran Madre sólo responde a los dictados del corazón asociados siempre a actitudes de agradecimiento, humildad, silencio interior, respeto y receptividad desde el no juicio. Las danzas chamánicas, las peregrinaciones, el ritmo apropiado del son de los tambores, la oración, etc., y en nuestros días la presencia consciente, estaban destinadas a generar precisamente ese tipo de actitud. Es decir, se trataba de propiciar un estado de ánimo adecuado que abriera la puerta al sentir y a establecer contacto con otras dimensiones de la realidad.

Pero hay más: el libro permite deducir la existencia de una sutil conexión entre todos esos lugares en base a una simple ley de resonancia establecida a niveles en los que el espacio y el tiempo poco o nada tienen que decir.

¿Dónde radica ese especial interés de los monjes guerreros al igual que de los druidas por establecerse junto a antiguos asentamientos megalíticos? ¿Creaban espacios de comunicación a través de las redes telúricas? ¿Cómo se explica que muchas de las bases de los pilares románicos guarden tanta similitud con la chacana de los Andes de la que nos habla Giovanna? ¿Qué irradian?

Enigma tras enigma que Giovanna esboza y que permanecen ahí desafiantes esperando nuestra respuesta.

El libro que tienes en tus manos es también una invitación a redescubrir y experimentar las vivencias de nuestros antepasados en su interrelación con la Gran Madre de la que todos formamos parte. Idea que entronca con la urgente necesidad de adquirir una nueva conciencia ecológica, concebida ésta no como un término ceñido a una moda o a un imperativo temeroso derivado de las amenazas medioambientales por el deterioro del planeta, sino como actitud operativa de amor y respeto a todo tipo de criaturas que la Madre acoge amorosamente y también como agradecimiento a esa grandiosa Conciencia en cuyo seno vivimos y evolucionamos.

Bilbao 10 de Octubre de 2018
Javier Petralanda

Introducción

El tema de la Madre Tierra y su culto ha sido tratado por diversos autores que han realizado denodadas investigaciones para saber qué existe detrás de este secreto ancestral. Buena parte de esos estudios encierra una gran cantidad de datos, los cuales, seguramente, llevaron largos años de dedicación; así, la fascinación por el mensaje de la Madre Tierra no surge hoy, es de siempre y se mantiene como tal.

Comenzaré relatando un hecho aparentemente «casual», pero muy extraño para mí. Un día, antes de despertar, escuché una palabra durante el sueño: «Croacia». Realmente me llamó la atención porque no había leído nada que «sembrara» ese nombre en mi mente. Croacia es el nombre de un país, pero ¿por qué surgió en mis sueños? Desconcertada, comenté brevemente este sueño con mi esposo, y una semana después, ya me había olvidado del asunto. Hasta que algo ocurrió. Al cabo de un mes, entré a una tienda de fotocopias para imprimir unos documentos y vi al encargado hablando con un señor que parecía un mendigo.

Yo tenía cierta prisa y ellos parecían no enterarse de mi presencia, se encontraban sumergidos en una charla sobre un viaje; comenzaba a impacientarme cuando escuché que el supuesto mendigo venía de Croacia. Inmediatamente recordé el sueño e intervine en la conversación con el supuesto mendigo. De esta manera descubrí que había sido marinero y que estando en las aguas del norte en Noruega, su barco había naufragado y catorce de sus compañeros habían muerto. Él, al encontrarse con pocas fuerzas, después de cierto tiempo en el agua, pidió a la Virgen del Carmen, de la que son muy devotos los marineros, que le salvara; él prometió que si le salvaba, en agradecimiento, recorrería todos los lugares del mundo donde se rindiera culto a la deidad femenina. Al poco tiempo de esta petición, fue encontrado por un equipo de salvamento y por ello, fiel a su promesa, se encontraba viajando a diversos lugares sagrados de varias creencias, tales como Santa Sofía en Estambul y Medjugorje en Bosnia, entre otros. Él acababa de llegar de Croacia, donde había estado tras visitar el santuario de la Virgen de Medjugorje en Bosnia. Le hice varias preguntas sobre la Virgen; ante algunas de ellas brotaron sus lágrimas, confirmándome de esta manera que se encontraba muy conmovido por su vivencia. Este marinero de origen español se convirtió a partir de ese momento para mí en el Peregrino 177, tal y como se le conoce por su increíble aventura, «el salvado de las aguas». Así lo encontré en Internet. Su nombre es José Antonio García Calvo, un hijo de la ciudad costera de Cádiz.

Tras recoger las fotocopias, me despedí. Pensé que era muy bonito aquel encuentro con la fe y el corazón de aquel hombre de apariencia muy sencilla, pero con una experiencia que le había hecho cambiar radicalmente su vida.

Ése fue el principio; poco a poco comencé a prestar más atención a las deidades femeninas y a su culto. Me parecía muy interesante la idea de viajar por muchos lugares donde existiera un culto a la deidad femenina, sin importar de qué religión provenía dicho culto. Sería ampliar el horizonte y conocer otra perspectiva de la deidad. Como peruana, que nací y crecí en un ambiente familiar en donde era común hablar con respeto de la «Pachamama» (Madre Tierra), la devoción del marinero español no me resultaba del todo nueva, aunque sí, como digo, motivadora. Su experiencia me empujó a trazar un hilo conductor entre mis recuerdos de la niñez, mis conocimientos andinos y los santuarios que estaba redescubriendo en Europa.

Fue poco tiempo después, leyendo sobre los caballeros templarios, aquella orden tan misteriosa como poderosa en su tiempo, cuando encontré que rendían especial culto a la Virgen Negra. ¿Qué había detrás de ello?, me dije. ¿Cómo es que esta orden había llegado a expresar su culto a la deidad en la Virgen madre de Jesús, pero morena? Estaba claro que ellos habían tenido acceso a los grandes conocimientos de su época, y tal vez revelaciones de otros tiempos aún más antiguos. Como sea, comprendí que era importante este conocimiento. Siguiendo esa pista, me sumergí en toda la información disponible sobre el culto a la Virgen Negra, y es así como comenzó mi búsqueda.

Aún hoy, después de haber leído libros y revisado muchas informaciones, pienso que ese encuentro casual con el Peregrino 177, que supuso el comienzo para mirar hacia estos lugares y a su profundo significado, fue lo que me abrió las puertas hacia saberes antiguos sobre la conexión con el espíritu.

El presente libro empieza con una visión de este culto a la deidad femenina desde las creencias de la humanidad, las animistas, las pequeñas esculturas del Paleolítico al Neolítico, denominadas Venus, que se han encontrado en el norte de Marruecos hasta Europa. Luego un repaso por el culto a la diosa representante de la Madre Tierra, desde Sumeria, considerada la primera civilización, pasando por Egipto, Grecia y otras civilizaciones del Mediterráneo como Roma, los celtas con la Virgo

Paritura, los Tuata de Danan en Irlanda o los ya citados templarios como un paso por los numerosos cultos a la Madre Tierra.

Desde hace tiempo, se viene estudiando a través de la geobiología que en el planeta Tierra no fluye de igual forma la energía. Ésta viene dada por diferentes fuerzas telúricas y geomagnéticas; lo que llama la atención es que antiguos lugares de culto se encuentren ubicados justamente en puntos donde fluye de forma más intensa la energía de la tierra. ¿Cómo llegaron a este conocimiento los antiguos moradores? ¿Cómo supieron utilizarlo? Son ejemplo de las muchas de las preguntas que suscita este conocimiento. En este sentido, nos siguen maravillando.

Una muestra de este conocimiento predecesor está en las grandes construcciones líticas encontradas en todo el planeta. Estas hermosas construcciones, cuyos vestigios han desafiado el tiempo, han sido objeto de numerosos estudios especializados, y todavía no logran entender cómo se llegó a esa perfección ni por qué están ubicados en esos lugares de gran energía telúrica. Es el caso, por citar algunos, de las pirámides de Egipto, Machu Picchu, Stonehenge, Tehotihuacan.

Estas construcciones se encuentran en continentes muy distantes y utilizan métodos muy parecidos, por no decir iguales, de trabajo en la piedra. Para hacer mayor el misterio que los envuelve, ¿cómo conocían esto los pueblos del pasado? Por ende, según pensamos, con menos conocimientos tecnológicos. ¿Cómo sabían dónde estaban esos lugares? Conocimiento que comenzamos a redescubrir.

Lo que sí sabemos es que los pueblos de tradición, que han sobrevivido al paso de otras civilizaciones que los dominaron, mantienen aún sus creencias y antiguos cultos. De esta forma, muchos investigadores, llamados por el poderoso brillo de un saber oculto, los están investigando, recogiendo con ello este saber que les permite el entendimiento de una serie de fenómenos más complejos. Los mitos y leyendas han mantenido, a través de la tradición oral, muchos de estos conocimientos. El saber interpretarlos unido a los estudios de los vestigios arqueológicos da nuevas luces a los investigadores.

Este libro comienza por hacer una revisión de los cultos ancestrales a las deidades femeninas, intentando entender algo más sobre el tema. Comencemos pues a fijar nuestra mirada en estos inicios de la veneración de la diosa…

PARTE I

Un antiguo culto

Cuando era pequeña, escuchaba a mi madre hablar de la Pachamama refiriéndose a ella como si fuera un ser vivo, que sentía si era agredida; ella en ese entonces se refería a las lamentables pruebas nucleares que se realizaron entre los años 1966 a 1974, en el Atolón de Murunoa, en el océano Pacífico, y que se recuerdan tristemente. Fue cuando las primeras ideas en torno de una entidad con vida propia empezaron a tomar forma para mí.

Tendremos que remontarnos al inicio de nuestra historia como humanidad para ver con perspectiva cómo se ha desarrollado el culto a la Madre Tierra. Hace miles de años, cuando el ser humano caminaba en un planeta lleno de fuerza donde la naturaleza era pródiga, este ser mantenía todas sus facultades innatas, físicas e intuitivas, que le permitían desarrollarse y relacionarse de una forma más completa con su entorno. Su espíritu, libre de ataduras, se unía con facilidad al espíritu de la creación que lo rodeaba, de forma que no estaba aislado; esto le daba la posibilidad de interpretar la naturaleza y los cambios que en ella se producían, tal como hoy suelen hacer los animales. Diremos que el ser humano se encontraba dentro de una realidad viva de la que formaba parte.

Pero con el tiempo y debido al desarrollo de los primeros asentamientos humanos y luego de las ciudades, el ser humano se ha ido separando del ser que lo cobija con el resultado de que nuestras facultades físicas e intuitivas están limitadas en su percepción del mundo. Paulatinamente fuimos desconectándonos y hoy nos sentimos como observadores de la creación y no como parte de ella. Al plantearnos esta circunstancia, apreciamos que las personas que por trabajo o decisión propia viven en el campo se encuentran más conectadas con el medio.

Por otro lado, sabemos que los animales tienen esas capacidades más desarrolladas y logran distinguir fenómenos que para los humanos pasan desapercibidos. Estas capacidades les permiten anticiparse a fenómenos de la propia naturaleza; un ejemplo de ello es lo que ocurrió en el año 2004, cuando se produjo un fuerte terremoto de intensidad 9 en la escala de Richter, en Sumatra, Indonesia. Todos lo recordamos debido al fuerte impacto que provocó en nosotros y las terribles consecuencias para los pobladores de estas islas. En este escenario llamó poderosamente la atención a la opinión pública una de las noticias que ofrecieron los medios informativos sobre una isla habitada en la zona donde había tenido lugar el sismo, la cual horas antes sus pobladores habían abandonado motivados por el comportamiento inusual de los animales de la isla, lo que ellos interpretaron como un inminente peligro; eso hizo que se trasladaran a otro lugar en sus barcas, evitando así las terribles consecuencias del terremoto y del posterior tsunami sobre ellos.

En el presente, los pueblos originarios –llamados por algunos estudiosos pueblos ancestrales– dicen mantener contacto con el mundo que nos rodea; lo hacen conservando sus creencias animistas, las cuales se fundamentan en la existencia de un mundo invisible, mundo primordial que se remonta a la creación del universo. Para ellos, todo lo que existe está habitado por invisibles; todo tiene ánima, todo está lleno de una esencia que lo impregna. Estos pueblos que conservan sus creencias milenarias se encuentran en los cinco continentes.

Uno de estos pueblos ancestrales son los kogui, de la sierra de Santa Marta, en Colombia. Según sus creencias, «la Madre Tierra está protegida por una energía alfa; esta energía protectora fue generada por los ancestros, que elevaron su conciencia formando una poderosa red protectora invisible de miles de kilómetros que cubre la Tierra». Ellos dicen que deberá recuperarse el equilibrio inicial del ser humano con su entorno, que es responsabilidad de todos este reequilibrio, no tan sólo de los gobiernos y empresas. Si estamos atentos, cada uno de nosotros tiene una tarea pendiente con el planeta, y ello involucra un cambio de actitud.

Nosotros, el llamado mundo desarrollado, pensábamos que estas creencias eran propias de pueblos que se habían quedado atrasados en el tiempo y no habían evolucionado como los demás, por lo que les dimos la espalda, ignorando este conocimiento durante milenios. Hoy en día, no pocos estudiosos e investigadores buscan la respuesta a interrogantes de la ciencia a través del conocimiento de nuestros ancestros, pero todo eso aún guarda su misterio.

Los hallazgos de la ciencia sobre otras realidades nos llevan a comprender que muchos de estos conocimientos antiguos están siendo corroborados, como es el caso de la teoría de los universos múltiples de la mecánica cuántica. Basándose en ella, Max Tegmark afirma que ciertas observaciones no pueden ser predichas de forma absoluta, cada una de ellas tiene una probabilidad diferente, así que cada una equivale a un universo diferente. La interpretación de esta teoría da como resultado un gran número de universos paralelos; dichos universos serían acaso las otras dimensiones que los antiguos nos decían poder conectar. Efectivamente, las culturas ancestrales creían que eran capaces de enlazar con otros seres que no vemos; ellos en algunos casos utilizaban plantas alucinógenas para lograrlo y decían haber desarrollado la capacidad de comunicarse con la naturaleza; ¿en qué momento dejamos de ser conscientes de este conocimiento?

Podemos apreciar que los pueblos que mantienen estas creencias milenarias realizan –como entonces– rituales de culto a la diosa madre; piden consentimiento antes de ingresar en lugares considerados sagrados, agradecen las cosechas y hacen ritos para la siembra; éstos son sólo algunos de sus numerosos rituales.

Por mi parte, haber nacido en Perú ha favorecido que tuviera la oportunidad de ver algunos de estos rituales realizados por sacerdotes andinos. Los pueblos de los Andes creen que la vinculación con la energía viva de la tierra favorece el desarrollo de la actividad humana, por lo que celebran numerosas ceremonias de rituales –a cargo de sacerdotes andinos– para poder conectarse con ella –a la que denominan Pachamama o Madre Tierra–, y hacen ofrendas, a las que se conoce como «pagos» o «despachos», las cuales sólo pueden ser realizadas por iniciados llamados «Paqos». En estas ceremonias se realizan diversas ofrendas de agradecimiento en plena naturaleza, y de esta manera cumplen con la denominada ley del Ayni o de la reciprocidad. Ceremonias como a la mama Cocha, ceremonia del agua; el Samay, al aire o soplo divino; y el Nina, al fuego sagrado, entre otras.

A miles de kilómetros, en otro lado del planeta, otro pueblo que vive a los pies de la montaña considerada la más alta del mundo –nos referimos al monte Everest, en el Himalaya, al que los lugareños denominan «Chomolunga» o «la Madre del Universo»– es un indicativo de la importancia del culto a la deidad femenina en este lugar, como en muchos otros. En este sentido, siguiendo costumbres ancestrales, los sherpas, guías y porteadores en las montañas del Himalaya, son acompañados por monjes budistas con el objetivo de que oficien las ceremonias denominadas de la puja o bendición, que se realizan en los campos base de las expediciones antes de que los escaladores comiencen a caminar hacia sus cumbres, que no están escasas de peligros, y en ellas solicitan permiso y la bendición de los dioses de las montañas.

Siguiendo la estela de la diosa, se le ha rendido culto desde los albores de la humanidad. Según los propios hallazgos arqueológicos, fue la primera deidad a la que se le hacían ceremonias; ella era considera la fuente primordial de vida, la que emergió de las aguas primigenias de donde surgió la creación, tal como podemos observar en el mito de la creación de los aborígenes australianos, en el que se explica que fue Imberombera, la que surge de las aguas primigenias, la que luego creó la tierra y la pobló con los animales; o en África, donde unos pueblos de tradición señalan a Yemonja o Yemaya como la diosa de los mares y océanos, que después daría a luz al sol. Desde el principio está vinculada al agua y es de donde nació la tradición de los diferentes rituales con agua.

De la diosa diremos que es fuente creadora, representa la fertilidad de la naturaleza, la dadora de vida a través del nacimiento y de la regeneración constante; su culto es el culto a mantener la vida en la tierra.

Ciertamente, el culto al espíritu femenino lleva perdido los últimos 4000 años; esto es lo que se asevera en *El Mito de la Diosa*, de Anne Baring y Jules Cashford, quienes afirman que eso sucedió en la Edad de Bronce y principios de la de Hierro, con el dominio de las culturas patriarcales, las mismas que hicieron prevalecer sus creencias relevando a otro plano las deidades femeninas con la cosmovisión unitaria y sagrada que ellas comprendían.

Así es como fueron las cuevas el primer lugar escogido para rendirle culto; en ellas, chamanes en estado de trance dibujaron en sus paredes animales llamados totémicos, priorizando en los dibujos al elemento femenino, representación de la diosa.

Más adelante, en el Paleolítico, aparecen unas pequeñas esculturas, que son el símbolo de la deidad, las cuales tienen la forma antropomorfa que hoy se conoce como la de las venus prehistóricas, con prominentes rasgos de la identidad femenina, como son grandes o múltiples senos, amplias caderas y desarrolladas vulvas. En ese sentido, las venus con sus grandes proporciones llamaron mi atención; pensaba que entonces era un canon de la belleza femenina, pero su voluptuosidad, como hemos visto, atendía a otras razones.

Así se explica en el libro *El Mito de la Diosa*, de Anne Baring y Jules Cashford. Sobre las estatuillas gestantes de este período, se afirma que «hacen pensar que el mito de la diosa madre tenía que ver con la idea de fertilidad y la naturaleza sagrada de la vida en todos sus aspectos».

Hoy en día, son dos las estatuillas descubiertas más antiguas conocidas, las cuales provienen del Paleolítico Inferior, esto es, entre los años 500 000 y 150 000 a. C. Una de ellas es la Venus de Tan Tan, encontrada en Tarfaya, Marruecos, de una antigüedad de 300 000 a 400 000 años, del tiempo de los anteneandertales, que son anteriores al *Homo sapiens*. Ella tiene unas incisiones de color ocre, que le fueron realizadas para acentuar sus rasgos humanos. La segunda es la Venus de Berejat Ram, encontrada en el monte Hermón, en los Altos del Golán, en una zona comprendida entre Israel, Jordania, Siria y Líbano, con una antigüedad de 280 000 a 250 000 años. Ambas aún están siendo estudiadas por la ciencia para confirmar su datación.

De más adelante, del Paleolítico Superior, esto es, de hace 40 000 a. C., se han encontrado una gran variedad de objetos decorativos, entre ellos numerosas venus, en la zona comprendida entre España y Siberia, en Rusia, pasando por Francia, Alemania y por otros países hasta el lago Baikal, en Siberia. De ellas podemos citar a la Venus de Hohle Fels, pequeña escultura encontrada en una cueva de Schelklingen, en Baden Wurtemberg, Alemania, de 6 cm de alto, en marfil de mamut, a la que las pruebas con carbono 14 le confieren una antigüedad de 35 000 años, aunque otros científicos le dan hasta 40 000 años.

Muy cerca, en Austria, la Venus Wiliendorf, una de las más conocidas, tiene una antigüedad entre 22 000 y 24 000 años. Fue descubierta en 1908 por el arqueólogo A. Szombathy. Ésta es una figura antropomorfa femenina que mide 11 cm, está esculpida en una sola pieza en piedra caliza y pintada en ocre, y sus rasgos femeninos son muy voluminosos. Ha sido citada por Jean Marie Auel en su obra *Los hijos de la Tierra*, en la que le da la representación de la Gran Madre, deidad principal de las tribus cromañón descritas en su novela.

Otra es la Venus de Lausssel, en Francia. Representa una figura femenina, tiene 46 cm de alto y 25 000 años de antigüedad, y fue realizada en piedra caliza. En la mano derecha porta un cuerno en forma de luna creciente, con 13 muescas que se cree que serían la representación de 13 días de la fase creciente de la luna y los 13 meses del año lunar, y tiene un vientre en gestación.

Por su parte, en Rusia está la Venus Gagarino, encontrada en Loes, Ucrania, tiene una antigüedad de 21 800 años y 5,8 cm de altura.

En Italia fue descubierta la Venus Savignano, con una antigüedad de entre 18 000 y 10 000 años, en Villa de Savignano,

Sul Panaro, en Módena. Es una de las representaciones más grandes, mide 22 cm de altura y pesa más de un kilo; la cabeza tiene forma de prisma piramidal.

Entre otras venus representativas de las numerosísimas encontradas, podemos enumerar las siguientes:

- La Venus de Menton, de 24 000 a 19 000 años de antigüedad, gruta de Barma, en Grimaldi, Italia.
- La Venus Frasassi, de 28 000 a 20 000 años, en la cueva Frasassi, Italia.
- La Venus Losauge, de 22 000 a 17 000 años.
- La Venus Lespugue, de 26 000 a 24 000 años de antigüedad.
- La Venus Vestonicka, 29 000 años de antigüedad, al sur de Brno, República Checa.

En resumen, las venus anteriormente descritas y otras no mencionadas son figuras antropomorfas con atributos físicos femeninos prominentes, pechos, caderas y abdomen; todo ello era plasmado en estas pequeñas esculturas para remarcar las cualidades de fertilidad y abundancia de la diosa.

Llegados a este punto, cabría destacar los trabajos de investigación en Europa del Este llevados a cabo por la arqueóloga de origen lituano nacionalizada estadounidense Marija Gimbutas (1921-1983), autora de veinte libros e innumerables artículos, fruto de sus estudios sobre más de tres mil yacimientos del período Neolítico de Europa del Este, donde encontró numerosísimas representaciones de la que ella denominó «la diosa». Uno de sus libros más famosos es *El lenguaje de la diosa* (Grupo Editorial Asturiano, 1996).

De su trabajo se sabe que fue pionera porque relacionó diversas disciplinas como mitología, lingüística, folklore, etnología, religiones comparadas y arqueología, lo cual le permitió una visión más amplia de lo que investigaba, que se denominó «arquemitología». Es así como introdujo al criterio que utilizó para el análisis de los yacimientos, otros datos, como son los mitológicos y del folklore, datos que nos han llegado a través de la trasmisión oral que los pueblos mantuvieron en el tiempo.

De este compendio de figuras, resaltamos un símbolo, el triángulo púbico, como uno de los elementos más comunes en todas ellas. Es así como el triángulo con la punta hacia abajo representa el lugar donde se iniciaba la vida, el nacimiento, el crecimiento, la muerte y la regeneración. En numerosos yacimientos antiguos de todo el mundo, se ha encontrado grabado también este símbolo.

En el inicio
de nuestra historia

Nuestro enigmático pasado nos lleva a investigar en las civilizaciones que dieron origen a la cultura actual; sin embargo, debemos tomar en cuenta que hay nuevos hallazgos arqueológicos que nos hacen suponer que faltan por descubrirse algunas piezas del rompecabezas. De acuerdo a la arqueología oficial, nuestra cultura se inicia con la civilización sumeria, la cual se desarrolló en Mesopotamia, en Medio Oriente, entre los ríos Éufrates y Tigris, donde actualmente se sitúa Irak. Hasta el año 6000 antes de nuestra era, los pobladores de este lugar vivían en pequeñas aldeas aisladas; posteriormente se establecieron pequeños centros urbanos con una capital y poblados rurales que la rodeaban.

La primera escritura conocida fue la cuneiforme, que desarrolló este pueblo, la cual junto con los jeroglíficos egipcios fueron las más antiguas; se convirtió en la cuna de la literatura en Asia, donde fue la lengua clásica, floreciendo la escritura en los vastos territorios de Babilonia y Asiria. En este lugar, fueron redactados los primeros códigos jurídicos y también se sentaron las primeras bases de las ciencias.

Por su parte, la religión sumeria fue politeísta. Sus seguidores veían todo lo que sucedía a su alrededor como la magia hecha por los espíritus, los cuales se constituyeron en sus dioses, contando de esta manera con más de 3600 deidades; de todas ellas, la primera y origen de todo fue Nammu, la diosa que se identifica con el océano primigenio, la creadora del cielo An y la tierra Ki , la madre de todos los dioses.

Más adelante tomó el nombre de Inanna, diosa del amor, la guerra y la fertilidad; se la representaba como una mujer con alas, de pechos prominentes, pies de palmípeda y dos leones debajo de ellos, símbolos de su poder. Su representación era el planeta Venus y la estrella de ocho puntas. Más adelante, con la llegada de los acadios, toma el nombre de Isthar y es simbolizada con un haz de juncos con la parte superior curvada. Veremos cómo en el desarrollo de las civilizaciones posteriores esta imagen ha tenido mucha importancia. La fecundidad de la diosa es representada con la serpiente para los sumerios, como para muchas culturas antiguas.

El pueblo acadio, de origen semita, tuvo una gran influencia en Sumeria. Al tener conocimientos de escritura, fue el encargado de redactar gran parte de sus escritos. Este pueblo, que provenía de una cultura patriarcal, fue modificando los verdaderos orígenes de la antigua cultura matriarcal sumeria para introducir a sus dioses solares.

De los acadios se sabe que con el tiempo fundaron la ciudad de Acad, al norte de Ur, sobre el Éufrates, en la que en un principio se acomodaron los sumerios. Al crecer en número, los acadios dominaron la región, superando a los sumerios y extendiéndose al Asia Menor.

Para Josep Campbell, cuya tesis trata del tránsito de la Edad de Bronce hacia la Edad del Hierro, alrededor del año 1200 a. C., existió una rebelión contra el poder femenino que instauró a la fuerza el poder patriarcal, dejando de lado a las diosas de la fertilidad y pasando el poder a los dioses masculinos, simbolizados por la fuerza, la capacidad de acción, la valentía y el guerrero, mientras a la deidad femenina, como a la mujer misma, se la vinculó a lo irracional, lo turbio, lo emocional, hasta llegar a ser demonizadas.

De esta manera, los pueblos semitas recopilaron la historia a la que tuvieron acceso y que provenía de otros pueblos, cambiando algunos de los datos, influidos por sus creencias en dioses solares y costumbres patriarcales. En este sentido, en el Antiguo Testamento, redactado por pueblos semitas, aparece Lilith, la primera esposa de Adán, a la que se le atribuyen todos los males, calificándola como un ser nefasto y diabólico. En Isaías 34:14 –donde se cita por única vez a este personaje–, se narra la destrucción de la ciudad de Edom, que quedó reducida a escombros y que era un lugar donde reinaba la oscuridad: «Gatos salvajes y hienas se darán cita y los sátiros se reunirán; y también allá se tumbará Lilith y encontrará su lugar de reposo».

Examinando cómo fue retocada la historia en ese entonces, hecho que aún hoy influye en nuestra vida cotidiana, podemos apreciar que hemos sido víctimas de esa manipulación que tiene actualmente efectos adversos en la comprensión de la deidad femenina, así como para el desarrollo del papel de la mujer en la sociedad.

El mito de la diosa en la tierra de los faraones

En cuanto a Egipto, que ejerce una gran atracción por todo el misterio que la envuelve, es para algunos estudiosos la civilización heredera de los conocimientos atlantes. La arqueología oficial reconoce a la cultura egipcia y a la de Mesopotamia como las dos más antiguas; ellas fueron la cuna de lo que hoy conocemos como la civilización occidental. Los monumentos del antiguo Egipto mantienen su gran atractivo. Sus pirámides Keops, Kefrén y Micerinos, y la Gran Esfinge, todas ellas ubicadas muy cerca de El Cairo, así como Sakkara –la sagrada pirámide de Menfis–, que fue edificada por Imhotep, el gran arquitecto, y Karnak, en el Valle de los Reyes, son algunos de sus numerosísimos restos arqueológicos conocidos.

Se sabe que la civilización egipcia, en aquella etapa, contaba con más de 700 dioses. Isis era una de sus deidades principales y representaba la maternidad, la fertilidad, la magia y el amor, junto con Osiris, quien representaba la regeneración del río Nilo y el inframundo. El mito de Osiris e Isis es la esencia de la religión egipcia. A través de él, los egipcios tratan de explicar el origen del universo. Isis, hija de Nut –diosa del cielo– y Geb

35

–dios de la tierra–, era la esposa de Osiris, el rey fundador de la nación egipcia.

El mito de Osiris comienza cuando el señor de las tierras fértiles del Nilo, Osiris, se dedicaba a enseñar las artes de la agricultura a los habitantes ribereños, ganándose el cariño y respeto de su pueblo, mientras su hermano Seth, que sentía una gran envidia hacia él, era señor de los desiertos y las montañas yermas. La historia sigue cuando Seth y otros setenta y dos personajes de la corte urden un plan para matar a Osiris. Fabricaron un sarcófago con ricos ornamentos, hecho con las medidas exactas de Osiris. Después organizaron un gran festejo durante el cual Seth ofreció regalar el rico cofre a quien le encajara perfectamente, y cuando Osiris, llevado por la curiosidad, entró para probar si cabía en el sarcófago, su hermano aprovechó para encerrarlo y mandarlo arrojar al río Nilo.

El relato continúa narrando que cuando Isis se enteró de lo sucedido por la esposa de Seth, fue en busca de Osiris al Nilo, por lo que Seth, enterado, mandó traer el cuerpo de Osiris y lo partió en catorce partes que esparció por varios lugares de Egipto. Sigue el relato contando que Isis, con gran esfuerzo, finalmente localizó trece de las partes del cuerpo de Osiris y lo reconstruyó. Con la ayuda de la magia, restauró el cuerpo de Osiris, engendrando a Horus. Años más tarde, Horus vengó la muerte de su padre derrotando a su tío Seth en una batalla, después de la cual Seth fue llevado a juicio ante el tribunal. Condenado Seth, pasó el trono de Egipto a Horus.

Acerca del falo, la catorceava parte del cuerpo de Osiris que no pudo encontrar Isis en su búsqueda, representaba la fertilidad, pero también el renacer, el volver a la vida. Fue la magia, el manejo de la energía sobrenatural, la que realizó Isis. Se dice que Isis era conocedora del nombre secreto de Ra –el dios que había creado el cielo y la tierra–, lo que le daba un enorme poder y sabiduría.

Ahora bien, Isis es representada sentada en una silla sin respaldo, llamada cátedra, dándole leche a su hijo Horus; la leche simbolizaría la fuente de la sabiduría, y la Virgen de la Leche del cristianismo sería una reinterpretación de la diosa Isis. En griego era conocida como Iset, Ast en egipcio. Por otro lado, se creía que la estrella más brillante de la constelación de Orión, Sirio, era su morada en el cielo, y era representada con dos cuernos y en medio de ellos un disco solar.

En cuanto al culto a Isis, su templo principal estaba ubicado en la isla de Philae, situada en el río Nilo, donde se decía que había dado a luz a Horus. Los ritos en su honor eran sólo conocidos por los iniciados, los cuales no podían divulgar ninguna información sobre los ritos, pues estaba castigado con la pérdida de la vida; en estos ritos sus sacerdotes vestían túnicas blancas, las danzas rituales de estos sacerdotes estaban acompañadas del sonido del sistro —el instrumento musical de la diosa—, se ofrecía comida a la diosa, las sacerdotisas la lavaban, peinaban y perfumaban, y eran las portadoras de las comidas otorgadas como ofrendas. Uno de los principales objetos rituales de la diosa era el agua —Hidra—, que le era ofrecida y que marcaba el principio regenerador y vital que partía del agua, del agua de la inundación, que, según el mito, provenía de las lágrimas de Isis. Su culto se extendió por Medio Oriente; en tiempos del Imperio romano, sus templos llegaron hasta las islas británicas y se mantuvo su culto en Europa hasta el siglo VI, cuando lo prohibió el emperador Justiniano.

Europa, heredera de culturas ancestrales

Estudios antropológicos consideran que el pueblo vasco es el más antiguo de Europa, pueblo que conserva aún costumbres ancestrales a través de las cuales mantienen su relación con la Madre Tierra.

A diferencia de las creencias de otros pueblos, la mitología vasca es ctónica, es decir, que sus deidades provienen del interior de la tierra, por lo que no tienen origen celestial; su deidad principal es la diosa Amalur, o Madre Tierra, cuyo reino es, por tanto, el reino subterráneo, en el cual su vientre es el lugar de regeneración de la vida, donde habitan los ancestros y donde enterraban a los muertos.

Cabe mencionar en especial a José Miguel Barandiaran, sacerdote, antropólogo, arqueólogo y etnólogo vasco, considerado «el patriarca de la cultura vasca» por todo el trabajo de investigación que realizó para recoger su tradición oral. Es autor, entre otros libros, de *Mitología vasca*, en el que asevera sobre Mari: «En muchos mitos vascos, Mari es considerada como jefa y reina de todos los genios que pueblan el mundo». Es conocida con muchos otros nombres, como Marijen Kobia por los pastores de Urkiola. La montaña de Amboto es considerada uno de los lugares donde habita Mari, la diosa madre de los vascos (*véase* Fotografía 1).

Así, del inframundo proceden todas sus deidades; entre ellas, las lamiak, con cuerpo de mujer y pies de pato relacionadas con las sirenas; los basajuan, seres con fuerza sobrehumana que habitan los bosques y cuidan del ganado; los mairubaratz, a los que se les atribuye la construcción de dólmenes, menhires y crómlech. Barandiaran dice que los mairu son designados a tipos de hombre de otro tiempo no cristiano.

En sus creencias, en la profundidad negra de la tierra es donde se fertiliza la semilla dando inicio a la vida; esta semilla es portada por Akerbeltz, otra deidad, que sería el regente del inframundo, o «señor de los animales», Cernunnos.

La diosa madre estuvo presente en las culturas del Mediterráneo, herederas de este conocimiento y su culto, que ha sido compartido por las culturas ancestrales de los cinco continentes. La Madre Tierra ha tomado diferentes nombres según las diferentes culturas y las épocas, tal como en la religión cristiana se ha dado diferentes nombres a la Virgen, como de Guadalupe, de la Candelaria, de las Nieves, de la Asunción, de Lourdes, de Fátima; de la misma forma, las diversas culturas adoraron deidades femeninas consideradas como diosas madres, con diferentes nombres para nombrarla, como es Tiamat, Inanna, en la mitología sumeria, Isthar para Babilonia, Ninsuna en Caldea, Asera en Canaán y Fenicia. Su culto fue heredado por los israelitas –Asera era representada en una imagen de madera; es interesante evidenciar cómo más adelante algunas vírgenes negras fueron esculpidas en madera, posiblemente siguiendo alguna vieja tradición–, Astarté en Siria y Afrodita en Grecia. Por su parte, los fenicios fueron grandes navegantes y comerciantes, hecho que posibilitó una difusión y expansión del culto a Astarté o Asera –la diosa madre de los fenicios– en muchas culturas, tomando diferentes nombres, tales como Astar en Abisinia, Athar en territorios comprendidos desde Arabia hasta la península ibérica y Tanit para los cartagineses.

Del mismo modo, el culto a Cibeles, la diosa madre o madre montaña de la región de Frigia, que ocupó la mayor parte de la península de Anatolia, en el Asia Menor, actualmente Turquía, se extendió por toda la región, desde el monte Díndimo –su centro de culto–, en donde se decía que había caído una piedra negra. Cibeles, diosa de la agricultura y de la fuerza de la naturaleza, era representada en un carro conducido por cuatro leones, con una corona que representaba la muralla de una ciudad y se asociaba a las abejas; para los romanos, Cibeles fue una de sus deidades principales.

Respecto al Imperio romano, a medida que dominaba otros territorios, asimilaba muchos dioses y diosas de esos pueblos; entre ellas, la propia Cibeles, Ceres, diosa de la agricultura, cosechas y fertilidad, y Minerva, diosa de la sabiduría.

Por otra parte, Gea era para los griegos la Tierra, deidad primigenia que surgió del caos; de ella nacieron los dioses del Olimpo. Ella era la diosa de la vida y de la muerte.

Otros nombres de la diosa es el de Dana o Danu, para los Tuatha de Dannan. Ella era su divinidad principal, de la que derivan todas las demás deidades, de ahí que se denominaran los hijos de la diosa madre» o hijos de Dana. Ellos creían que el origen de su pueblo celta estuvo a orillas del río Danubio y que éste río tomó el nombre de la propia diosa, Danu, siendo pues el río sagrado de la diosa madre que proporciona las «aguas del cielo». Como sabemos, los celtas terminaron extendiéndose hasta lo que hoy es el territorio de Irlanda.

En otro pueblo –aparece en el Talmud, libro sagrado de los judíos–, es Shekinah y figura como la parte femenina de Dios, el principio femenino de la luz; en el templo de Jerusalén era utilizada para designar el lugar donde habita Dios, mientras en el Zohar viene a hacer de mediadora entre el cielo y la tierra.

Dado que la palabra «pagano» proviene del latín *paganus*, que hace referencia a una persona que vive en el campo, los antiguos cultos se mantuvieron en el campo, mientras el culto en las ciudades fue la religión oficial durante el Imperio romano. A estos pueblos que conservaron los cultos ancestrales como cultos vivos se les considera paganos. Entre estos cultos tenemos a las antiguas diosas paganas de la fecundidad, una de las cuales es Isis.

Posteriormente, los cristianos asimilaron muchas de estas creencias en diversas festividades agrícolas, y es así como los agricultores primitivos observaron que la estrella Spica –la principal de la constelación de Virgo– desaparecía en el horizonte el 15 de agosto, día que coincidía con la recogida de la cosecha de trigo y en la que los campesinos realizaban fiestas antiguas. Esta fecha fue establecida como el día de la Asunción de la Virgen María en el calendario cristiano. Spica volvía a aparecer el 8 de septiembre, coincidiendo con el momento de la siembra; y precisamente en el calendario cristiano es el día del nacimiento de la Virgen o de la Natividad de María. No cabe duda de que los hombres del campo han asociado el ciclo agrícola a la estrella Spica, ligando la propia vida del hombre a la naturaleza, tanto a los propios ciclos del planeta como a las fases de la luna.

Culto a la Madre en otras latitudes

Al otro lado del atlántico, en México, en un lugar distante y sin vinculación a los anteriormente señalados, era venerada Tonantzin, la deidad femenina que en pueblos más antiguos había tomado el nombre de Coatlicue, Cihuacóatl y Teteoinan. De las tres deidades, Coatlicue era la diosa de la fertilidad, guía del renacimiento, dadora de la vida y de la muerte, madre en gestación; su nombre en nahualt significa «la que tiene una falda de serpientes», mientras Teteoinan era la madre de los dioses; podría decirse que serían, como en otros de los arquetipos, cualidades de la misma deidad, la diosa madre. De igual modo, Tonatzin tenía el mismo significado que la Virgo Paritura para los celtas, es decir, «Nuestra Señora» o «Nuestra Madre Venerada».

Muy interesante es saber que fue en el cerro Tepeyac donde al nativo Juan Diego se le presentó quien dijo llamarse Madre Tonantzin para pedirle que construyera un templo para su culto, diosa que sería cristianizada con el nombre de Virgen de Guadalupe y que hoy es uno de los lugares más importantes de culto mariano en el mundo. Es así como el relato agrega que el ayate de Juan Diego se quedó impregnado con la figura de una señora morena con rasgos mestizos. Podemos apreciar que el cerro Tepeyac, como muchos lugares de culto antiguo, son hoy lugares sagrados para las diversas religiones y cultos en todas las latitudes.

En otro continente, África, la mitología de sus pueblos, entre ellos Nigeria y Benín, consideraban a Yemaya como la primera en ser creada por Olofi, creador del Mundo. Ella simboliza la fertilidad, la abundancia y el amor, es protectora de los recién nacidos y de los pescadores, es madre natura y creatividad, y representa asimismo al misterio profundo de la propia creación.

Más tarde, Yemaya será conocida como la diosa del mar, perteneciente a la mitología Yoruba. Fue llevada a América por los esclavos de origen africano que arribaron a las colonias y a España; en ésta última se enraizó su creencia con el nombre de Virgen de Regla, muy conocida, con su santuario de Chipiona, en Cádiz.

En otro continente, Asia, en la religión hinduista, es Laksmi, la deidad de la riqueza y la prosperidad tanto material como espiritual; la encontramos citada en los textos vedas más antiguos, tales como el Rig-Veda.

Laksmi también es conocida como Sri; según la tradición hindú, ella nació de la espuma del mar, con lo cual se sitúa su nacimiento en las aguas primigenias, tal como en tantas otras religiones y creencias que hablan de éstas como el origen de la creación.

En Siberia es Umai, la diosa madre, diosa de la fertilidad. *Umay* significa «útero», y su nombre era Freya en la mitología nórdica; su culto proviene de otro de la misma deidad de la Edad de Bronce.

De las numerosas diosas de la mitología hawaiana, es Laka, también conocida como Hi'iaka, la diosa de la fertilidad, el amor, la belleza, la poesía y la danza; se le atribuye ser la creadora de la danza tradicional hula, un baile de origen en los antiguos pueblos polinesios que va acompañado de cánticos e instrumentos musicales; en sus movimientos se representa, entre otros, el fluir de la propia naturaleza. Esta danza denominada hula kahiko es utilizada para contar historias y se ha mantenido gracias a la tradición oral.

Para resumir, como hemos podido corroborar a través de este breve repaso por las diosas de la antigüedad, los pueblos y culturas ancestrales tienen un denominador común: *el culto a la Madre Tierra en sus diversas manifestaciones.*

PARTE II

Los hombres del roble

Los celtas mantienen nuestra fascinación aún hoy en día por ser un pueblo lleno de magia; sus creencias en seres elementales como las hadas, nomos, elfos y ondinas reflejan que mantenían una estrecha relación con la Tierra.

Como conocemos, los pueblos celtas eran de origen indoeuropeo. Llegaron a Europa tras progresivas migraciones desde mediados del II milenio a. C., esto es, entre la Edad de Bronce y la Edad de Hierro. Los celtas no eran un reino unificado, sino un conjunto de pueblos, tribus y naciones cuya cultura se desarrolló en Europa, de la que llegaron a poblar gran parte de su territorio. Entre los países a los que emigraron, se encuentran Irlanda, Inglaterra, Escocia, Galia francesa, Alemania, Suiza, Anatolia y España. Con la conquista del Imperio romano y después con el avance de los germanos, tuvieron por estas circunstancias que desplazarse hacia el norte de Europa, donde consiguieron guardar el conocimiento ancestral durante siglos. Cuando la evangelización que trajo el cristianismo los alcanzó, esos pueblos relataron a los sacerdotes sus historias de tradición oral. Entonces fue escrita y gracias a eso hoy tenemos acceso a sus conocimientos, al sistema de organización y las creencias.

Debo decir que, como muchos, he asociado la palabra celta a los bosques y a los druidas, pero tal como ahora lo entiendo, los druidas proceden de una tradición anterior a los celtas, la cual ellos supieron mantener; gracias a eso llegaron sus tradiciones a nosotros fusionadas con la tradición de los pueblos de donde provenían.

De ellos diremos que eran excelentes agricultores y ganaderos con gran dominio de las técnicas; habían pasado de ser tribus nómadas a ser sedentarias. Unido a eso, se desarrollaron como muy buenos comerciantes, exportaban vino y otros productos a países del Mediterráneo, y sus productos llegaron a ser comercializados por los fenicios y griegos, los grandes navegantes. El comercio de la sal fue una importante pieza de este comercio, siendo unas sus principales minas las de Salzburgo, en Austria. La sal, un mineral muy necesario para la vida, se constituyó entonces en una fuente importante de desarrollo económico para ellos. Otra actividad en la que destacaron fue en la metalurgia, y además conocían el uso de la rueda.

Amaban la naturaleza, buscaban permanentemente la armonía entre el medio físico y el hombre, rendían culto a sus montañas, bosques, ríos, piedras sagradas. Ellos realizaban en los bosques sagrados rituales de agua y fuego para comunicarse con su hábitat, como el ritual de saltar sobre las brasas del fuego, que era una prueba de iniciación para los guerreros. Actualmente es la celebración en algunos pueblos de la península ibérica de la fiesta de San Juan.

Los celtas, como distintas culturas de la Antigüedad, tenían una gran devoción por los árboles; para ellos simbolizaban la perfecta armonía con los cuatro elementos y en ellos sus druidas realizaban las curaciones y ceremonias. Se relata que no realizaban ceremonias sagradas sin contar con las hojas de roble. Se cree que el nombre propio de los druidas significaba «hombres de roble» y que representaban a Zeus, su dios, con un gran roble. Para ellos, el roble simbolizaba la solidez, la longevidad, la fuerza y la elevación, tanto en sentido espiritual como material. Otros de sus árboles sagrados son el brezo y el tejo.

Creían en el poder de las palabras de tal manera que pensaban que podían influir en los acontecimientos por medio de su fuerza; de hecho, encargaban las bendiciones a los bardos, y un gran número de esas bendiciones han llegado hasta nosotros. Creían que utilizando este conocimiento en sentido contrario podían provocar el mal.

Por otra parte, la sociedad celta estaba dividida en tres clases: la más elevada era la de los sacerdotes, que eran quienes tomaban las decisiones; luego la de los guerreros, y por último la de los que realizaban las actividades productivas. La clase sacerdotal se encargaba de administrar justicia, mantener la paz o declarar la guerra, y eran los encargados de las ceremonias de culto a sus dioses. A la clase sacerdotal pertenecían los bardos, que eran las personas encargadas de trasmitir las historias, las leyendas y los poemas de forma oral, muchas de ellas cantadas, mientras que los trovadores se encargaban de las celebraciones y las fiestas; de ellos, el más alto nivel era el grado de druida. Éstos poseían grandes conocimientos y se dice que tenían el don de la clarividencia, que ellos supieron guardar, y se encargaron de mantener vivos los conocimientos antiguos.

Un dato no menos importante es el que cuentan las leyendas de los celtas irlandeses. Según el relato, existiría un mundo subterráneo, tal como en relatos de otras culturas de Oriente y Occidente. Según la leyenda, los druidas fueron llevados hasta la isla por Dagda, el hijo de Danu, el dios bueno, y se refugiaron en los subterráneos después de perder la batalla ante los milesianos. Estos subterráneos eran conocidos como los sid, donde se cuenta que existían grandes palacios.

Ahora bien, el panteón celta tenía numerosos dioses, entre ellos la diosa Dana o Danu, la divinidad más antigua de la que descienden todos los otros dioses, siendo conocidos como los Tuatha de Dannan, «la tribu de los dioses», considerados todos ellos como extensiones de la diosa primigenia. Danu, conocida como la señora de las aguas y tierras vírgenes, deidad asociada a la creación, la fecundidad y el bienestar, representaba todos los ciclos de la vida desde el nacimiento hasta la muerte y el renacimiento, la madre nutricia. Estaba también asociada a las mareas, a los ciclos lunares, a la sabiduría y a la magia.

Dana era conocida con diferentes nombres, como Dòn para galeses y británicos, Ana para la Bretaña Armórica, Dana para los irlandeses, Donu para los escoceses. Ana o Anu es otro de los nombres de la diosa, que para algunos autores significaría también «agua del cielo». El río Danubio tomaría su nombre, este río que nace en la Selva Negra alemana y atraviesa los países del centro y del oriente europeos hasta llegar a Ucrania. Desde este río, se cree que se inició la expansión celta.

Además, tenían una concepción de diosa triple que representaba distintas facetas: la doncella, la mujer y la anciana. Brigitte encarnaba a la doncella, era la señora de la poesía, la adivinación, asociada al sol y al fuego; en sus numerosas representaciones se la puede ver acompañada de un león o de un felino. Dana es la mujer en su papel de madre, madre de todos los dioses, la dama de los dólmenes, reina de las hadas, de los enanos o Korrigans, que eran los cuidadores de los tesoros de los subterráneos; así se constituía en la gran regidora de este mundo misterioso. Ana o Anu, la anciana conocedora de los misterios de la magia, hechicera a veces implacable, en otras ocasiones bienhechora, protectora y sabia, estaba bajo la influencia de la luna. La creencia en las diosas triples no era sólo creencia de los celtas, sino también de otros cultos, como las diosas al-Uzza, al-Lat y Manat, la tríada en la Arabia preislámica.

En mi opinión, no es casual que las diversas culturas se asemejen, aunque se hayan desarrollado sin vinculación alguna. Una de estas coincidencias es que los celtas creían que sus lugares sagrados tenían un espíritu guardián encargado de su cuidado. En un lugar muy distante, en los Andes, sus moradores hablan de los espíritus guardianes del lugar, los Apus. En la creencia celta, este espíritu guardián podía convertirse en animal, como, por ejemplo, en gato, pájaro o pez, según lo que la diosa prefiriera.

Durante la cristianización, dado el gran culto que había a la diosa, sus lugares sagrados fueron respetados, pero pasaron a ser presididos por Santa Ana o por María, la madre de Jesús, eso sí, sin los atributos que a la diosa le eran inherentes, de forma que pasaba a ser un personaje sólo protector.

La orden monástica que recopilo y protegió la información ancestral

Más adelante, con el desarrollo del cristianismo en Europa, nace la Orden de los benedictinos. En el siglo VI, san Benito de Nursia, considerado el patrón de Europa por su trabajo evangelizador, crea la Orden benedictina; esta orden fue fundada sobre la regla monástica benedictina que elaboró el mismo san Benito, la cual contiene 73 capítulos, siendo su mandato principal muy conocido, «ora y labora»; esta regla sirvió para la mayoría de monasterios fundados durante la Edad Media.

Desde mi punto de vista, uno de los hechos más interesantes por su aportación decisiva a la orden fue dar cabida a todos aquellos que buscaban el conocimiento espiritual, aunque provinieran de cualquier otra religión o creencia, incluso se permitía ingresar a excomulgados; esto le dio un bagaje excepcional que les permitió desarrollar mejor sus objetivos, como el de establecer monasterios autosuficientes con hospitales, granjas y otros edificios en sus propias dependencias.

Un segundo hecho relevante, que para mí constituye el aporte más importante de esta comunidad monástica, es que fue la que se encargó con el transcurso del tiempo de recopilar y preservar documentos y manuscritos antiguos, muchos de los cuales fueron rescatados de la destrucción después del paso del Imperio romano y la dominación germánica a partir del siglo IV. Así, los textos fueron recopilados y depositados en bibliotecas dentro de las propias abadías, y en sus centros son guardados y protegidos durante siglos los conocimientos y saberes, siendo estudiados por los propios monjes.

Entre estos textos guardados celosamente, encontramos escritos bíblicos, escritos de filósofos griegos y de autores latinos, documentos iniciáticos orientales…; todo ello se nutre de una gran variedad de fuentes y orígenes. Mientras eso ocurre, Europa se encuentra en un largo período de oscurantismo.

Por otra parte, los continuadores de las tradiciones druídicas fueron los celtas irlandeses, en los que se incluía la iglesia irlandesa medieval, los bardos galeses y los bardos errantes bretones. Habría que destacar que Irlanda no sufrió la dominación romana, lo cual facilitó que pudieran mantener sus saberes remotos; más adelante, al integrarse al cristianismo, la gran mayoría de sus druidas formaron parte de la jerarquía de la iglesia irlandesa, aportando su tradición druídica original; el propio san Patricio, evangelizador de Irlanda, ordenaba sacerdotes y obispos a los «fili» o druidas irlandeses.

Luego, en el siglo VI, el monje irlandés san Columbano, quien había influido positivamente en el resguardo de los conocimientos y ceremonias druidas, fue llamado para que intermediara en el conflicto de la asamblea de Drumceat, en la que se intentaba disolver a los fili que mantenían su sistema de creencias, lo cual resultaba poco cómodo para la iglesia. San Columbano, un misionero irlandés que destacó por su actividad evangelizadora en la Alta Edad Media, les apoyo, proponiendo que cada jefe de tribu o provincia dispusiese de un bardo que cantara sus glorias o fracasos. Esta costumbre se extendió también por Gales. De la misma forma, este clérigo mantuvo estrechos lazos con el papa benedictino san Gregorio Magno, hecho que favoreció el acceso a la tradición atávica. Finalmente, fue san Benito de Aniano quien realizó la fusión de la orden con los monjes de San Columbano, dando origen a la Orden de Cluny.

Ahora bien, en la Galia francesa los druidas fueron perseguidos por los romanos debido a que ellos ostentaban el poder político; por esta razón, los druidas se refugiaron en los intrincados bosques, los cuales conocían muy bien pues solían visitarlos con frecuencia. De ellos, se sabe que tenían una forma de culto basado en el animismo, cuyos altares se encontraban en el interior de grutas y bosques; sin embargo, los pueblos pudieron conservar sus creencias religiosas.

Hasta aquí, como vemos, hay una importante labor de compendio y conservación de conocimientos de mano de los benedictinos. Podemos no estar de acuerdo con los razones por las que lo hicieron y pueden gustarnos o no sus otras actividades, pero la información fue guardada y la cultura posterior se nutrió de ella.

Entre tanto, en Oriente, en el año 632 d. C., se propagó el islam después de la muerte de Mahoma; en su expansión, el islam llegó a la península ibérica en el siglo VII, que se encontraba en luchas intestinas contra la herejía, momento clave en que caería bajo el dominio islámico. Este dominio se extendió por ochocientos años, convirtiendo el territorio denominado Hispania en Al-Ándalus, cuya permanencia trajo sus consecuencias políticas y económicas.

Al margen de la situación política, importantes conocimientos fueron aportados de Oriente a Occidente para formar más adelante una amalgama de saberes, contribuyendo con diferentes disciplinas, que logró de esta manera el enriquecimiento cultural. Conocimientos y técnicas, como la trigonometría, el álgebra, la astrología, la medicina y las artes, dieron un impulso a la península, y también aportaron sus creencias religiosas y estudios ocultistas. Entre ellos, destacan los manuscritos hebreos, musulmanes, gnósticos, cabalísticos, griegos y alejandrinos, los cuales eran muy antiguos y se complementarían con los conocimientos tradicionales de la cultura en este continente.

Debemos de comprender que los estudiosos de esa época, tanto cristianos como musulmanes, sabían que para acceder a las creencias y saberes de cada una de las dos religiones, debían mantener los nexos entre ambas, dejando de lado el enfrentamiento. Es así como estudiosos de ambos lados fueron enviados para instruirse en estas competencias.

En resumen, los benedictinos mantuvieron la flama del conocimiento durante siglos con el aporte de los druidas sobre la piedra, a lo que se sumarían las ciencias matemáticas para la edificación que trajeron los árabes, quienes en su expansión desde la península ibérica hasta China habían incorporado a sus conocimientos los de los griegos y los indios. Más tarde, desarrollaron nuevos conocimientos, permitiendo, de esta forma, que a finales del siglo X se proyectaran en numerosas edificaciones románicas y luego en las catedrales. «…Sin la prodigiosa ciencia matemática de las proporciones, de las relaciones entre fuerzas y volúmenes, que ellos descubrieron súbitamente en Oriente, toda aquella magia de la piedra céltica no habría podido ser aplicada».[1]

---

1. Así asevera Jacques Huynen en *El enigma de las vírgenes negras*, pág. 91.

Los enigmáticos caballeros de Jerusalén y su protector

A principios del siglo XII, una prominente figura aparece en el Viejo Continente, san Bernardo de Claraval, nacido en Les Fontaine, Francia, y perteneciente a una familia noble.

Su vida como religioso se inició en 1113, cuando ingresa como novicio en la Orden del Císter con veintidós años de edad, destacando desde el principio por su atractiva personalidad, tanto que logró convencer a sus padres, hermanos y algunos familiares cercanos de ingresar en la misma orden. Persona brillante y con un gran poder de convicción, su oratoria era excepcional, por lo que tenía una gran capacidad de convencer. Se cuenta la anécdota de que las chicas que tenían novio sentían verdadera preocupación cuando san Bernardo iba a su ciudad para algún evento religioso, porque había muchos novios que después de escucharlo, habían dejado todo para profesar. En total fueron novecientos los que, gracias a sus brillantes disertaciones, decidieron dedicarse a la vida religiosa. Con tan sólo veinticinco años de edad, se le designo para que fundara un monasterio. Lo hizo en Claraval (*Clairveux* en francés), en Ville-sous-la-Ferté. A partir de entonces, empezó su prolífica actividad eclesiástica, durante la que fundó 68 monasterios en todo el continente europeo.

Este destacado personaje tuvo una gran influencia en la vida religiosa, política y económica de su tiempo; todos los acontecimientos de marcada relevancia del siglo XII tuvieron su impronta. Realizó viajes por toda Europa, organizando concilios y creando numerosas instituciones, y ya en su época fue considerado un santo. Su papel era decisivo, hasta el punto de que los reyes, así como el propio papa, escuchaban con gran atención y respeto sus intervenciones y recomendaciones.

Respecto a su obra, podemos resaltar la importancia de su intervención en la creación y expansión de la Orden del Temple. Lo primero que hizo fue obtener la autorización del papa para la realización del Concilio de Troyes en 1128. Este concilio fue de suma importancia para su época; en él intervinieron obispos y abades del más alto rango, otorgándosele a la Orden recién creada toda la fuerza para que pudiera desarrollar su trabajo civilizador en Europa. Además, hay que señalar su participación junto a otro sacerdote en la redacción de los estatutos de la Orden.

San Bernardo procuró relacionarse con personas relevantes de su época y, como es de suponer, entre ellas, con san Malaquías, obispo de origen irlandés, al que se le conoce por ser el autor de las profecías de los papas y del que se decía que tenía conocimientos druídicos, que llegó a ser uno de sus grandes amigos.

Una de las facetas más destacadas del santo fue su gran devoción mariana. Entre otros factores y circunstancias que se vinculan a su fervor, está la influencia desde un principio en su vida de antiguas creencias. En primer lugar, el pueblo donde nació era un lugar de veneración de una Virgo Paritura, un culto de origen celta a una «virgen que debe dar a luz». En segundo lugar, su centro de estudios, el monasterio benedictino de Saint-Vorles, que albergaba una famosa Virgo Paritura del mismo nombre no menos importante, supuso su accesibilidad a los conocimientos ocultistas de los benedictinos. Recordemos que sus bibliotecas eran depositarias de culturas antiguas, lo cual se piensa que fue determinante para favorecer su devoción.

De este modo, su figura se yergue como el «gran celador del culto mariano en Europa», lo que se deja ver en los monasterios del Císter, dedicados a la Virgen María, y también en las catedrales góticas de la época, que fueron consagradas a «Nuestra Señora».

Los caballeros del templo de Jerusalén

La historia de los nueve caballeros templarios es un tema que apasiona y motiva muchas hipótesis sobre dónde residía su poder y su inmensa riqueza. Las referencias históricas de su primer viaje a Jerusalén, en el año 1118, han hecho correr ríos de tinta. Al respecto, sabemos que fueron Hugo de Payns y Godofredo de Saunt-Adhemar los fundadores de la Orden, y a ellos se unieron otros siete caballeros. Uno de ellos, Hugo de Payns, tenía una estrecha amistad con Bernardo de Claraval y con André de Montbard, tío de Bernardo. Esta relación ha dado lugar a un sinnúmero de suposiciones, como las relacionadas con las posibles reuniones previas al viaje que habrían tenido lugar con Bernardo, de quien se dice que les impulsó a ir a Tierra Santa.

Según se cuenta, viajaron hasta Jerusalén los nueve caballeros y se presentaron al entonces rey Balduino II, al cual expusieron los motivos de su viaje; como uno de esos objetivos era «guardar a los peregrinos en los caminos de los lugares santos de Jerusalén», el rey les brindó su apoyo y les cedió el ala oriental de su palacio. Este palacio es justamente el lugar donde se encontraba el templo de Salomón, un lugar sagrado hoy en día para judíos, cristianos y musulmanes, en el que se hospedan durante su estancia.

Es así como ellos permanecieron durante nueve años en este lugar donde se erigió este templo, siendo todavía hoy un misterio lo que hicieron en esos años; algunos estudiosos consideran como factible que encontraron el Arca de la Alianza; lo cierto es que permanecieron allí, sin dejar que nadie más ingresara al lugar. Asimismo, se sabe que durante el tiempo que estuvieron en Oriente, tuvieron acceso al conocimiento esotérico de diversas escuelas antiguas, musulmanas y judías, y del propio Egipto, en donde la parte esencial la constituía el culto a la diosa Isis.

Diez años más tarde, a su regreso a Francia, los templarios fueron recibidos por san Bernardo, quien se convertiría en su mentor, proclamándolos como los mejores cristianos y un ejemplo de virtudes para seguir. Con su influencia, logró que fueran recibidos de manera muy entusiasta por toda la cristiandad. Como hemos explicado anteriormente, gestionado por san Bernardo, se celebró el Concilio de Troyes en este escenario, en el que se les otorgó el rango de Orden Religiosa Militar.

Hay una pintura de Alonso Cano, *San Bernardo y la Virgen de la Leche*, en la que se hace referencia a que se nutrió de la sabiduría de la madre.

Como veremos en la Parte IV, el Sancta Sanctorum está realizado con geometría sagrada. Salomón, quien mandó construir el templo, era conocedor de la Cábala y un iniciado que sabía de las proporciones y de su ritmo con la tierra.

El sabio rey de Israel es el autor del *Cantar de los cantares*, que en uno de sus versos dice: «¡Soy negra, pero soy bella, hijas de Jerusalén!», se cree que refiriéndose a la Madre Tierra, cuyo texto sería introducido luego en las Escrituras Sagradas, lo que en apariencia era profano; sin embargo, es considerado un texto iniciático encriptado. Más adelante, el mismo san Bernardo fue uno de los estudiosos que prestó una especial atención a su análisis.

Hay que mencionar que muchos de los hijos de los nobles ingresaron a esta Orden con el respaldo de sus propios padres, que realizaron generosas donaciones para impulsarla, lo que permitió que los templarios en poco tiempo adquirieran riqueza y propiedades en muchos lugares en el continente europeo y en Oriente.

Debemos señalar que la influencia de esta Orden en su tiempo fue tan grande que llegó a rozar la de los reyes, y tenían acceso a los conocimientos que se disponía entonces de todas las materias: justamente una de ellas es la que se relaciona con el culto a la Madre Tierra, representada en la figura de las vírgenes negras.

Antes del siglo XI, la devoción cristiana estaba centrada en el Maestro Jesús, no existía culto a la madre de Jesús, la Virgen María. Fue entre los siglos XI y XIII cuando la devoción a la Virgen, en la figura de las vírgenes negras, se incrementó en forma desmedida, coincidiendo con el regreso de los caballeros templarios.

Se sabe que los templarios permanecieron largo tiempo en Jerusalén y Oriente Medio, como hemos explicado antes. Durante ese tiempo entraron en contacto con representantes de antiguas escuelas de ocultismo, quienes les trasmitieron sus conocimientos y el de sus sociedades secretas. Uno de estos conocimientos era la veneración a la Madre Tierra. Por otro lado, se cree que durante esta estadía, llegaron hasta Egipto. Si eso sucedió, el hecho de estar en contacto con todo lo que es la cultura egipcia y sus monumentos megalíticos, entre ellos las pirámides y otros templos sagrados, les debió cambiar su visión del mundo. Algunas versiones cuentan que atraídos por las historias sobre la diosa Isis y su templo en la isla Philae, lugar donde habría nacido su hijo Horus, en el río Nilo, cerca de Asuán, viajaron hasta ese lugar y les impresionó la paz que allí se respiraba, entablaron contacto con las sacerdotisas de Isis y pudieron así llegar a su conocimiento celosamente guardado.

Respecto a las vírgenes negras, se cree que deben su color oscuro a que representan el color de la tierra. En la cultura egipcia fue Isis, para los griegos Deméter y para los romanos Cibeles, todas ellas de color negro. Provenían de un culto pagano que difícilmente podía ser entendido en una sociedad cristiana y patriarcal, por lo que suponemos que los clérigos que accedieron a esta información idearon rendir culto a la Madre Tierra, en la figura de María, la madre de Jesús, representándola con esculturas femeninas de color negro, a las que denominaron «Nuestra Señora» o «Notre Dame» en francés.

De esta forma, los caballeros que originaron la Orden habían bebido de las fuentes de un conocimiento muy antiguo. Las esculturas talladas en madera fueron colocadas en antiguos enclaves de culto a la Virgo Paritura. Estas vírgenes negras se confeccionaban sentadas en una cátedra, una silla sin respaldo, tal y como Isis, la diosa madre egipcia, había sido representada; en sus faldas se encontraba Horus, el hijo de la magia, y en la de las vírgenes negras, el Niño Jesús.

Los conocimientos recogidos en Oriente les permitieron corroborar y comprender con más profundidad los cultos druídicos a la Madre Tierra, integrándolos con las enseñanzas del culto a Isis, lo que dio motivo a que se pasara a identificar los antiguos lugares sagrados del Viejo Continente, como es el caso de la ermita templaria de San Bartolomé, en el Cañón del río Lobos (*véase* Fotografía 2), y a los que se sumaron los nuevos saberes para la construcción de catedrales y templos dedicados en honor de Nuestra Señora.

Estas figuras morenas fueron cuidadosamente colocadas en lugares de especial energía, tal como Chartres, en Francia, lugar de una antigua Virgo Paritura. Según Louis Charpentier, autor de *El enigma de la catedral de Chartres*, las catedrales de Chartres, Reims, Amiens, Évreus, Bayoux, Laon, L'Éspine y Étampes están emplazadas de tal manera que toman la forma de la constelación de virgo.

Algo semejante ocurre en un muy antiguo lugar de peregrinación en España, el Real Monasterio de Santa María de Guadalupe, en Extremadura, donde se encuentra también una virgen morena de una larga tradición a la que Cristóbal Colon visitó antes de emprender su viaje hacia el Nuevo Mundo. En Cataluña, su patrona es la Virgen de Montserrat, llamada cariñosamente la Moreneta; su imagen se encuentra en el monasterio de Montserrat, en una montaña cuya energía es conocida desde tiempos inmemoriales. Así, el culto a la diosa se extendió por toda Europa, siendo en el siglo xv, en la época colonial, cuando su culto llegó hasta América.

La postura de las antiguas venus fue tomada
con el tiempo por las vírgenes negras.

PARTE III

El geomagnetismo de la Tierra

Hace muy poco que comenzamos a conocer las características de nuestro planeta, al que rodea un halo de misterio en el cual los antiguos supieron penetrar y trabajar con ello, «lo que no es visible» y se constituye en una fuente de energía y sanación.

Se sabe que la Tierra posee una red geomagnética generada por la existencia de energías cosmotelúricas; nuestra red magnética tiene su origen en el núcleo del planeta, que hace las veces de una dinamo. Nuestro campo magnético va desde el centro del planeta hasta el exterior y sus efectos generan lo que denominamos «magnetosfera». La magnetosfera tiene entre otras funciones la de protegernos del viento solar de nuestra estrella, el Sol, por lo que este campo magnético es determinante para la vida en nuestro planeta.

Este fenómeno se produce cuando las corrientes telúricas originan corrientes eléctricas de baja frecuencia; éstas nacen del mismo centro de la tierra y surcan serpenteantes por su superficie, de ahí que se las simbolizara como serpientes. Los celtas las conocían como la Wouivre y los chinos como las Venas del Dragón.

En relación a las corrientes telúricas, Daniel Rubio explica: «Surgen en cualquier punto del globo, en las grandes mesetas, en las montañas más altas, en el rincón más secreto, y se hunden confundiéndose con el magma, cargan nuestra agua, nutren nuestros bosques, se confunden con nuestros ríos y con nuestros mares...».[2]

Esto sucede de tal forma que las corrientes telúricas producen radiaciones telúricas, pero no lo hacen de una forma uniforme debido a que depende también de otros factores, tales como la estructura interna de la corteza terrestre, la composición del terreno, las fallas geológicas, entre otras, a lo que debemos añadir las variaciones producidas en esos lugares por los fenómenos atmosféricos, cambios estacionales y fases de la luna. Ahora bien, las energías telúricas son las propias del planeta, y las energías cósmicas, provenientes del cosmos tal como lo indica su propio nombre, son las que provienen del sol, las fases de la luna y las estrellas. Los lugares donde se juntan las corrientes telúricas con las corrientes cósmicas son considerados lugares sagrados desde la Antigüedad y dan lugar a los denominados nodos, que funcionan como puntos de acupuntura de la tierra.

En el pasado, estas corrientes telúricas eran divididas en negativas y positivas, el yin y yang de la Tierra; el yang o energía masculina se asociaba a las corrientes que fluían por cadenas montañosas, colinas y terrenos accidentados, y el yin o energía femenina se relacionaba con las corrientes que transitaban por terrenos planos, valles, ríos, lagos y canales de agua subterráneos. Cuando se unían yin y yang, las zonas se volvían fértiles, creativas; aún en la actualidad, numerosos lagos y montañas siguen siendo considerados lugares sagrados.

---

2. Del artículo «El Misterio de las Catedrales», en la revista *Mas Allá*, febrero de 2005.

En lo que se refiere a las energías positivas y negativas que corren por las líneas de fuerza, han sido potenciadas, armonizadas y distribuidas por nuestros antecesores, utilizando, entre otros, los menhires –piedras alargadas–, con su parte inferior enterrada en el suelo. Se ha descubierto que las piedras utilizadas tienen ciertas propiedades, como un alto contenido en algunos minerales como el cuarzo, que les dan la capacidad de ser excelentes conductores de las energías de la Tierra. Con el uso de estas piedras en estos lugares, conseguían que las tierras fueran más fértiles y que las personas vivieran en zonas más sanas y equilibradas.

En síntesis, cuando las energías que recorren los lugares se van cruzando como dos serpientes, originan en el medio una línea recta que es neutra y que, cuando es atravesada por las líneas serpentinas de los dos polos, dan lugar a un punto neutro o cero; en este punto se producen los denominados nodos. La figura del caduceo representaría estas tres líneas. Como explicamos anteriormente, es en esos nodos donde han sido construidas diversas edificaciones sagradas a lo largo del tiempo.

Los nodos planetarios son lugares donde el ser humano puede entrar en contacto con la deidad, de tal forma que esos puntos neutros facilitan el paso a otras dimensiones de conciencia; los antiguos chamanes poseían este conocimiento, y cuando entraban en estado de éxtasis e hipnótico, lo transitaban, conformándose en el puente de la tribu. Hoy en día, los estudiosos del tema han profundizado en la información, lo que les ha permitido llegar a algunas conclusiones relevantes. Una de estas investigaciones es el trabajo realizado en la medición, a través de la radiestesia, de las líneas de Saint Mary y Saint Michael en Inglaterra, trabajo recogido en el libro de Paul Broadhush y Hamish Miller, *El sol y la serpiente*, 1989, en el que uno de sus párrafos explica sobre los nodos: «… Centros nodales en la Tierra que están asociados con la "Cabeza de Dios"», indicando que son «ventanas» o «puertas» hacia el infinito… el Creador o absoluto.

De esta forma, brota la fuerza de la Madre Tierra a través de estos nodos, convirtiéndose en el puente con la divinidad. Ricardo González, escritor e investigador, en su libro *Las enseñanzas de ERKS*, se refiere a los nodos señalando: «Los centros planetarios son lugares donde la Tierra respira», y agrega: «El espíritu de la gran madre sabe en qué parajes fluir, marcando zonas como "ventanas de contacto" con su vientre».

Un aspecto que no podemos dejar de lado por su trascendencia son las peregrinaciones religiosas. Las hemos tomado tan sólo como un acto de fe, pero vamos comprendiendo que los caminos que siguen llevan hacia lugares sagrados, señalados desde la más remota antigüedad, lugares por donde brota la fuerza de la Tierra. A través de estos caminos, vamos recorriendo nuestros propios caminos interiores antes de llegar a los nodos.

Como podemos apreciar, los lugares sagrados han sido objeto de peregrinación desde los albores de la humanidad, siguiendo antiquísimos cultos en las más diversas culturas. De esos lugares nombraremos sólo algunos: monte Kailash en la cordillera del Himalaya –venerado por los budistas y otras religiones–, monte Fuji en Japón –considerado por los sintoístas su centro de veneración de los dioses de la naturaleza–, montaña de Montserrat en España –lugar de gran devoción católica pero con una tradición mucho más remota (*véase* Fotografía 3)–, montaña de Uluru en Australia y su pequeño lago Kata Tjuta, que se encuentra en lo alto del mismo –donde rinden culto las tribus aborígenes–, el Titicaca –lago sagrado para los incas, y antes de los ellos para los aymaras–, lago situado entre Bolivia y Perú, el lago Baikal en Rusia, llamado Dalai-Nor, cuyo significado es «Mar Sagrado» en lengua burata y mongola.

Recuerdos de mi niñez me llevan a las procesiones que durante el mes de octubre se realizan en Lima. Miles de personas vestidas con habito morado convierten las calles del centro de la capital en un mar morado que se dirige en procesión al santuario del Señor de los Milagros, en pleno centro de la capital. La devoción a esta imagen de fe católica es muy importante para los limeños y peruanos en general. En ese sentido, la investigadora María Rostworowski ha realizado estudios sobre el culto al dios solar Pachacamac. Ella cree que se ha perennizado con el culto al Señor de los Milagros, o Cristo de Pachacamilla, como también se le conoce. A este dato hay que sumar el hecho de que en las ceremonias de esta deidad, se utilizaban los colores morado, escarlata o bermellón.

Estos lugares generan una profunda atracción por la fuerza telúrica que se concentra en ellos, lo que promueve que un gran número de visitantes llegue hasta esos sitios desde lugares muy distantes, aunque no tengan conexión con los cultos locales.

Las líneas ley

Como ya he comentado con anterioridad, las energías que recorren la Tierra han sido estudiadas por diversos investigadores, entre los que se encuentra el Dr. Ernest Hartmann, descubridor de las líneas que llevan su nombre y cuyas redes van formando cuadrículas por todo el globo terráqueo. Estas redes toman la dirección norte a sur y de este a oeste, tienen una anchura media de 21 cm y están separadas de este a oeste por 2,5 m y de norte a sur por 2 m; estas medidas pueden variar como consecuencia de la estacionalidad, la contaminación electromagnética y la orografía, entre otros factores. En segundo lugar, tenemos las que forman la red Peyré, también con el nombre de su descubridor, el Dr. Peyré. Estas líneas también forman una malla alrededor del planeta, que sigue la misma dirección de la de Hartman con la diferencia de que su separación es de 7 a 9 m.

En tercer lugar, podemos citar la red Curry; ésta se ubica en sentido oblicuo a los puntos cardinales, es decir, de noreste a suroeste y sus perpendiculares, por lo que se encuentra en diagonal con la Hartman, con una separación de 6 a 8 m y un grosor de 40 cm. Otras menos conocidas son la malla Kunne y la red de Witmann; éstas constituyen líneas que también determinan redes que actúan sobre los seres vivos.

Según las observaciones realizadas a estas redes, se determinó que se producía una serie de anomalías en seres humanos, animales y vegetales. Alrededor del planeta, estas redes se constituyen en paredes invisibles por donde pasa la energía y van desde la tierra hasta la ionosfera, la capa superior de la atmosfera; de ese modo, sus efectos se perciben igual en el primero y en el último piso de un edificio. Los cruces de dos o más líneas, llamados lugares geopatógenos, pueden producir efectos nocivos en la salud del ser humano, sobre todo si la exposición es continua y se mantiene largo tiempo. El cruce de la red Hartmann y la red Curry determina un punto estrella, que sería especialmente nocivo según los expertos.

Aunque las denominadas líneas ley eran conocidas desde un remoto pasado, fue a principios del siglo XX cuando el inglés Alfred Watkins les dio ese nombre y expuso su hallazgo. A Watkins, arqueólogo aficionado, le gustaba hacer caminatas por la campiña inglesa; durante sus caminatas observó que se podía trazar una línea imaginaria que conectara dos o más lugares sagrados, que podían ser una montaña, una ermita, un templo, un monolito o un cementerio. Watkins siguió indagando sobre el tema y llegó a la conclusión de que si en una misma línea tenía cinco o más vestigios antiguos renombrados, esto se traducía en la existencia de una línea imaginaria que denominó «línea ley».

Según eso, estas líneas imaginarias son aquellas por las que discurre energía; podemos encontrar estas alineaciones en todos los continentes, incluso cruzando mares y océanos. En Europa, las tribus celtas heredaron de culturas que las precedieron el conocimiento sobre estos emplazamientos y los convirtieron en lugares sagrados en los que sus sacerdotes –los druidas– realizaban ceremonias. Como vimos anteriormente, se afirma que estas líneas ley habrían sido antiguas líneas procesionales de origen pagano y desde entonces habrían tenido la función de conectar antiguos lugares sagrados. Tal como hemos explicado en el capítulo anterior, los benedictinos supieron guardar durante siglos estos antiguos conocimientos, los cuales serían utilizados posteriormente para ubicar templos cristianos. Es importante destacar que muchas de las construcciones románicas y góticas se encuentran sobre estos sitios, por lo que los maestros canteros encargados de su construcción sabían de este conocimiento.

Baste como ejemplo la línea de San Miguel, una de estas líneas imaginarias que atraviesa el continente europeo y va desde Irlanda hasta Jerusalén; una serie de lugares sagrados van apareciendo sobre la línea que curiosamente lleva el nombre de San Miguel, como Skellig Michael en la costa de Irlanda, el monte Saint Michael en Cornualles (Inglaterra), el monte Saint Michel en la costa normanda de Francia, la Sacra de San Michele en los Alpes italianos y el monte Gargano. Pasa también por otros lugares, como Atenas (Grecia), llegando a Monte Carmelo en Jerusalén, que es un conocido lugar sagrado desde la Antigüedad.

El vientre de la diosa

Todos los lugares considerados sagrados, sean de origen natural –como las cuevas– o construidos por el hombre, son lugares por donde la Madre Tierra se comunica, por lo que el hombre los busca, consciente o inconscientemente, para conectar con su propio espíritu y con el espíritu de la Tierra.

En cuanto a las cuevas, consideradas el útero de la madre, fueron los primeros lugares donde los seres humanos realizaron rituales de culto sagrado en el Paleolítico. Los encargados de estos ritos eran los chamanes, considerados los mediadores entre la tribu y la deidad, y se hacían para propiciar los favores de los dioses a la tribu. Asimismo, los rituales eran realizados en las zonas de más difícil acceso de las cavernas, lugares señalados por los propios chamanes, los cuales a través de sus sentidos percibían qué lugar era el más idóneo. Para ello utilizaban la capacidad inherente a todo ser humano y que ellos habían sabido desarrollar más aún, con la finalidad, entre otras, de percibir mejor las energías de ciertos lugares. Era allí donde entraban en los denominados estados alterados de conciencia, utilizando hierbas alucinógenas y cantos repetitivos.

Los brujos y chamanes eran, pues, miembros destacados de la tribu, a los que se les atribuía facultades extraordinarias que les permitían comunicarse con el inframundo, el mundo de los ancestros y de las deidades. Dos de las cuevas más conocidas están en Francia; en ellas se hallan pintados lo que parece ser unos chamanes, como en la cueva Les Trois Frères, donde encontramos lo que se cree que es la pintura de un chamán enmascarado que está bailando. Para la mitología vasca, ésta sería la representación del «señor de los animales». En la otra cueva, la de Lascaux (Francia), aparecen en un mural un bisonte al lado de un hombre recostado y un pájaro, lo cual ha sido interpretado por los investigadores del tema como la representación del viaje espiritual de un chamán.

Como hemos dicho anteriormente, las cuevas eran santuarios de la antigüedad; en sus paredes están plasmadas pinturas y dibujos, que constituyen la representación artística más antigua conocida, destacando figuras antropomorfas, manos, animales y dibujos geométricos (*véanse* Fotografías 4 y 5). Una de estas cuevas, la de Loltún, en una zona desértica en las afueras del pueblo de Oxkutzcab (México), es un santuario de culto al dios del agua, el dios Chaac. Los antiguos moradores de este lugar hacían rituales a este dios del agua hace aproximadamente 11 000 años. En sus paredes han sido encontrados 145 murales y 42 petroglifos, y se constituye en un arquetipo de numerosas cuevas.

Al otro lado del planeta, más exactamente al sur de Argentina, en Santa Cruz, se ubica otra hermosa cueva, la cueva de las Manos, que toma ese nombre justamente por las 829 manos pintadas en sus paredes, unas en positivo y otras en negativo, y algunas superpuestas, realizadas con colores vivos como el rojo, el blanco y el verde. Las manos se encuentran cerca de la entrada de la cueva; en ella hay otras pinturas de la fauna autóctona, los guanacos y choiques. Su antigüedad se calcula en 9300 años.

En Cantabria, España, 18 cuevas han sido declaradas Patrimonio Mundial por la UNESCO. De ellas la cueva de Altamira es considerada la «Capilla Sixtina» prehistórica. La cueva del Moro Chafín, que se encuentra en esta lista, tiene una de las pocas Venus rupestres del paleolítico.

A ciencia cierta no se conoce por qué se han pintado manos en numerosas cuevas, aunque para algunos estudiosos representarían las manos sanadoras del chamán, las mismas que seguirían rituales ancestrales. Lo que sí que podemos aseverar es que se trata de un motivo recurrente en los cinco continentes y en las islas. Un breve repaso nos lleva a la cueva de las Bestias, en la meseta Gilf Kebir, Wadi Sura (Egipto); cueva Ilas Kenceng, en Borneo (Indonesia); cueva de Altamira (España); cueva de Chauvet (Francia); cueva de Kimberley (Australia); cueva de Meakambut y gruta Karawari, en Papua (Nueva Guinea); Anasazi, en Utah (EE. UU.), o a las propias cuevas de Loltún en México, que anteriormente mencionamos.

Las misteriosas construcciones megalíticas

En los remotos tiempos del Neolítico, se comenzaron a construir, en lugares con cruces de energía, los monumentos megalíticos, hechos a conciencia por personas sensitivas que eran maestros de la piedra y que buscaban la conexión con las energías de la Tierra. Tal como lo indica su nombre, están realizados en piedra, que es un excelente canalizador y amplificador de las energías cosmotelúricas. Entre estos monumentos, se encuentran los menhires de piedra de arenisca, con un alto contenido en cuarzo; como el cuarzo es óxido de silicio, estos menhires tendrían la propiedad de conectar con el núcleo de la tierra. Los numerosos crómlech, menhires y dólmenes que se hallan en todos los continentes han sido realizados en este tipo de piedra. Llegados a este punto, debemos recordar que el óxido de silicio es el cuarzo, que en su estado natural se encuentra disuelto en las aleaciones de hierro y níquel.[3]

---

3. Según el estudio realizado en la Universidad de Tohoku, del que forma parte Eiji Ohtani, Australia, publicado por la BBC.

Según Javier Petralanda, profesor de Ciencias Sociales y Geobiología, se han encontrado grandes cristales de cuarzo en megalitos, mineral que como se sabe capta y atrae las vibraciones telúricas y cósmicas.[4] Hay que agregar que conocemos que el núcleo de la Tierra está constituido por un 5 por 100 de silicio.

Por otro lado, un dato que se debe tener en cuenta es el sinnúmero de estas construcciones que fueron edificadas de forma anónima, actitud tomada precisamente para dar importancia a la obra y no al individuo que la construía. De este antiguo conocimiento son herederas las innumerables construcciones realizadas en todos los continentes. Entre las antiguas edificaciones, sobresalen las pirámides de la meseta de Gizéh, la ciudadela de Machu Picchu, Sacsayhuamán, Tiahuanaco, Stonehenge, Avebury, catedral de Chartres, Notre Dame de París, catedral de Compostela, los dólmenes de Antequera, Carnac y una larga lista, unas muy conocidas y otras menos, pero todas con la misma intencionalidad.

La piedra, además de ser una excelente conductora de las energías cosmotelúricas, tiene la capacidad de guardar información de las emociones que los propios constructores dejaron conscientemente en ellas. Charpentier afirma en *El enigma de la catedral de Chartres*: «La piedra se carga de las influencias telúricas y cósmicas»… «Es una materia capaz de entrar en vibración».

Javier Petralanda explica otra de las cualidades de las piedras: «Todos los geobiólogos hemos sido testigos, en más de una ocasión, de fenómenos de impregnación, también llamados "memoria de las paredes", que atañen a algunos lugares que han sido testigos de especiales estados emocionales».[5]

---

4 y 5. Fuente: Internet, del blog de Javier Petralanda, artículo 2, «Los lugares sagrados. Agua, piedra y conciencia»

Los monumentos megalíticos construidos en el Neolítico y Calcolítico fueron colocados en el cruce de energías telúricas, las que gracias a los conocimientos antiguos amplificaron su campo de energía utilizando la piedra. Estas edificaciones suelen señalar solsticios, equinoccios, fases de la Luna, posición de la Tierra respecto al cosmos, estrellas o constelaciones. Es el caso del centro megalítico Callanish, en la isla de Lewis (Escocia); algunos de sus componentes pesan varias toneladas y tienen una antigüedad aproximada de 5000 años. El ingeniero escocés Alexander Thom, arqueólogo aficionado y profesor de Oxford, tras estudiar este círculo y otros monumentos, esbozó la teoría de que fueron utilizados como observatorios astronómicos. Recientes estudios publicados en agosto de 2016 por la revista *Journal of Archaeological Science* revelan un estudio que reevalúa esta teoría de Thom, explicando que las piedras verticales se encontraban alineadas a eventos astronómicos, a los que se sumaba su posición en el paisaje y la elevación en el terreno. «Descubrimos que sólo había dos horizontes de formas diferentes rodeando estos monumentos, lo cual era bastante increíble en sí mismo, y que el Sol y la Luna fueron colocados en patrones muy específicos en este paisaje», afirma una de las autoras del estudio, Gail Higginbottom, de la Universidad de Adelaida, Australia. Este mismo equipo estudió los datos de más de cien círculos megalíticos de Escocia y encontraron iguales patrones de posición referente al cosmos, lo cual habla del gran conocimiento que tenían los antiguos de los fenómenos cíclicos del cosmos, de forma específica los del Sol y de la Luna y su conexión con la Tierra. Las piedras utilizadas son portadoras de hermosas ondas y patrones.

Desde Marruecos hasta Irlanda, pasando por Portugal, España, Francia y Reino Unido, encontramos este tipo de construcciones, pero también en otros lugares tan alejados como

Siberia y los Andes. Se desconoce quiénes las erigieron; numerosas leyendas atribuyen a seres fantásticos su construcción. En España, las leyendas nos cuentan que fueron las mauras o xanas las constructoras de los dólmenes y menhires, mujeres de una gran fuerza que iban hilando mientras transportaban grandes piedras. Hay relatos muy similares en lugares tan distantes como Galicia, País Vasco, Cantabria o Aragón. Un dolmen muy interesante de visitar es el de cueva de Daina, datada entre 2700 a. C. y 2200 a. C., que se encuentra en el municipio de Romanyà de la Selva, en Girona, España (*véase* Fotografía 6).

Muchos de los estudios realizados a estas edificaciones en piedra consideran que sus medidas no fueron hechas al azar, sino trabajando con proporciones, lo cual nos refleja que sabían de geometría sagrada. Alexander Thom, basándose en los diversos estudios que realizó en lugares con megalíticos, elaboró la teoría de la yarda megalítica, que sería una medida prehistórica estandarizada. Para ello, realizó una investigación que comprendía el estudio de trescientos megalitos en Europa, de la cual concluyó que sus constructores habrían utilizado unidades estándar de medida y conocimientos de geometría, incluyendo en ellos los principios pitagóricos, pero esto ocurrió antes de que Pitágoras hubiera nacido.

Marruecos, país mágico y enigmático, está lleno de leyendas que fueron recogidas por los griegos, entre ellas, las que atribuyen la localización del jardín de las Hespérides en la cordillera del Atlas, poblado por etnias de antiguas tradiciones como son los tuareg o «los hombres de azul» y los bereberes. En este país, específicamente en Larache, se erige el crómlech de Mezora, que tiene una forma elíptica y está constituido por 176 monolitos de piedra, de diferentes tamaños y formas, con una media de 1,5 m, siendo el más alto el de Uted, de más de 5 m, cuyo nombre significa «poste». Este conjunto de monolitos rodean un túmulo de 6 m de altura. Lo interesante de esta construcción es que Mezora parece haber sido realizado con las mismas señas de identidad que los megalitos de Irlanda, Inglaterra y Francia; se realizó con geometría sagrada desde su forma elíptica, con la base del triángulo rectángulo de Pitágoras, el número 37, una de las medidas que con posterioridad fue utilizada para la propia catedral de Chartres, entre otras.

El bosque de Brocelandia de la Bretaña francesa, lugar rodeado de magia y misterio, es, según los relatos galos, donde se habría desarrollado la verdadera leyenda del rey Arturo, los caballeros de la mesa redonda y el mago Merlín; en él podemos encontrar construcciones en piedra, como el dolmen, la tumba de Merlín, la casa de Viviane o la tumba de los gigantes. Asimismo, no a muchos kilómetros de allí, está el famoso alineamiento megalítico de Carnac, al cual se considera el monumento de la prehistoria más extenso del orbe. Su antigüedad aproximada ha sido calculada en 6000 años. Se cree que Carnac estuvo conformado, en un inicio, por 10 000 megalitos; hoy quedan más de 3000 entre menhires, dólmenes y montículos, que han sido divididos en cuatro agrupaciones: la de Le Ménec, con 1099 monolitos inclinados al noreste; la de Kermario, en la que se sitúa el menhir de Locmariaquer, de 20 metros de largo, el cual puede haber sido el centro de un gran observatorio astronómico, junto con otros hoy desaparecidos; la de Kerlescan y la de Petit Mènec.

Otro megalito importante que está en la zona de Bretaña es el menhir de Champ Dolent (*véase* Fotografía 7); se encuentra cerca del monte Sant Michel y es objeto de muchas leyendas. Mide 9,5 m de altura y fue declarado Monumento Histórico por Francia. En junio de 2015, nos desplazamos hasta ese lugar con un grupo de amigos y pudimos admirar su belleza y percibir la energía que se acumula allí.

Por otro lado, en Gran Bretaña, en la llanura de Salisbury, se encuentra el misterioso complejo megalítico de Stonehenge, una construcción que han datado en hace 4500 años; se cree que es un monumento sagrado, utilizado desde la Edad de Piedra para ceremonias a los ancestros, que se llevaban a cabo en los solsticios de verano e invierno. Algunas de las piedras para realizar este monumento fueron transportadas más de 300 km; está compuesto por un doble círculo de arenisca azul, un material muy duro. La construcción está rodeada por una zanja circular. El círculo exterior, de 30 menhires alargados con un peso de 20 a 25 toneladas, está compuesto de piedra arenisca; a esos menhires los corona una piedra horizontal, de tal forma que si lo viéramos desde arriba, encontraríamos un círculo en piedra, y en el centro de este círculo, una herradura formada por cinco trilitos, cada uno de ellos compuesto de dos menhires unidos por un dintel que pesa unas 40 toneladas. Entre el círculo exterior y la herradura, se encuentran las denominadas piedras azules, que son de origen volcánico y de diversas dimensiones; se cree que en un principio eran sesenta. También hay piedras azules dentro de la herradura. Todo el complejo se encuentra dentro de una zanja.

Hay que mencionar, además, que el arqueólogo Mike Parker Pearson está realizando, con un equipo de especialistas y voluntarios, un trabajo en toda la zona que ha dado como resultado el hallazgo de un poblado de mil casas. Con estos restos se ha determinado que no era un lugar de vivienda permanente y que era usado con fines religiosos en una determinada época del año. De esta forma, se cree que llegaban hasta aquí desde los diferentes lugares de la isla para realizar una ceremonia de agradecimiento por la fertilidad, ceremonia que tenía lugar durante el solsticio de verano, comenzando la festividad justo a la salida del sol, que es el momento en el cual la estructura de

Stonehenge se alinea con el sol del alba. Luego bajaban por la calzada hasta el río Evo y siguiendo su orilla se dirigían a otro monumento realizado en un anillo de madera, donde al anochecer y mientras el sol se ponía, celebraban una segunda ceremonia. Se piensa que por este anillo de madera veían ocultarse el sol. Como en otros sitios, es aquí donde volvemos a encontrar lugares de particular energía conectada con determinadas fechas de relevancia cósmicas, como son los solsticios y equinoccios. Por otro lado, el investigador Alexander Thom aseveró en su tiempo que el círculo de piedra de Stonehenge era un receptor y trasmisor de energía.

Un santuario con forma de serpiente

Averbury es el círculo de piedra más grande del mundo, al que algunos estudiosos le han atribuido una antigüedad de 5000 años. Es el más antiguo del conjunto megalítico del que también forman parte Stonehenge, la colina de Silbury y el gran túmulo de West Kennet. En el pasado, este santuario tuvo la forma de una serpiente enorme con dos huevos en su vientre, para lo cual se cree que utilizaron 800 piedras de arenisca. Aunque se erigía a lo largo de casi 6 km, actualmente sólo está el círculo que representaría el vientre de 335 metros de diámetro y los dos círculos que se encuentran dentro. El lugar es un potente canalizador de las energías. Las 26 piedras que aún quedan del círculo exterior pesan unas 40 toneladas cada una. En medio de los dos círculos más pequeños, hay uno con tres piedras que forma como una especie de cueva y otro con un obelisco en medio.

Podemos añadir que el círculo de piedras de Averbury está diseñado de tal manera que los megalitos que lo conforman atraen la corriente telúrica en dirección al monumento. Estudios realizados por el físico John Burke revelaron que las piedras se encuentran dispuestas y alineadas de tal forma que canalizan las corrientes electromagnéticas para que fluyan en una dirección predeterminada. La zanja que circunda su círculo mayor fue diseñada de modo que interrumpe la trasmisión de la corriente telúrica a través del suelo y canaliza la electricidad en dirección a la zanja, concentrando toda la energía para liberarla en la entrada del monumento, pudiendo llegar a duplicarse la energía. Por la noche, disminuyen las lecturas magnéticas de dentro del círculo; esto ocurre hasta el amanecer, en el que se recargan debido a la incidencia de la energía solar durante el día. Esta característica era conocida en otras latitudes, como en el antiguo Egipto, donde sus sacerdotes entraban en los templos orando al amanecer para despertar a los centros.

Otro rasgo encontrado por Maria Wheatley, radiestesista, escritora y fundadora de la escuela de Estudios Esotéricos The Avebury, indica, respecto al agua, que existían dos tipos: uno proveniente de las lluvias, que llena a nivel freático, es decir, al nivel superior de una capa freática o de un acuífero; y el otro conocido como agua primaria o agua Yin, que se produce en las profundidades de la tierra, es considerada agua sagrada y tiene una cualidad sanadora.

Así, todos los lugares sagrados se encontrarían erigidos sobre el paso de una corriente de agua, que multiplica el efecto de las energías concentradas en el lugar, las cuales están por encima del agua, a lo que Maria añade que habitar sobre esta energía de agua ying es curativo y prolongará la vida. Esta energía de la Tierra emite un patrón que se denomina «geospiral». Cuando un menhir o piedra se conecta con un patrón geospiral, absorbe la energía de la Tierra y se forman en ella bandas magnéticas de energía. Una vez absorbida esta energía de la Tierra, la convierte en una energía electromagnética aérea, produciendo un haz de energía lineal.

En otro lugar de Europa, Bosnia, el estudio fotográfico realizado por el Dr. Oldfield en la pirámide del Sol demostró que los campos electromagnéticos que se generan por encima de la pirámide tienen una orientación vertical, similar a la orientación de la línea de energía de las piedras de Averbury. El Dr. Slobodan Mizdrak, físico de Croacia, dirigió un equipo de expertos que corroboró la radiación electromagnética emitida por el complejo piramidal de Bosnia, el cual según explica alcanzaría una frecuencia inicial de 28 Khz que saldría de la cima de la pirámide del Sol, siendo el lugar donde se originaba la parte de abajo de la pirámide.

Según los antiguos, las construcciones deberían guardar orden y armonía con el cosmos. Lo analizaremos en el siguiente capítulo, en el que trataremos de geometría sagrada.

PARTE IV

Antiguos conocimientos

Sobre la geometría sagrada, la arquitecta Eva Martín, estudiosa de la geometría sagrada, explica: «La geometría es la estructura que sostiene la forma». Como sabemos, todo debe guardar un orden en el universo; de lo contrario, prevalecería el caos. Para mantener ese orden, se ha utilizado la geometría sagrada desde la más remota antigüedad. Ella crea armonía en las formas, la cual permite el fluir de las energías. Ahora bien, la geometría de la creación, y por tanto sagrada, la encontramos en las medidas y proporciones de la propia naturaleza, en los patrones de formación y crecimiento del medio natural, los cuales reproducen formas que expresan armonía, como los girasoles, las celdas de los paneles de las abejas, la concha del nautilus, entre una infinidad de posibles ejemplos.

Habría que destacar que para edificar las construcciones sagradas, se han tomado en cuenta las medidas y proporciones del ser humano. Un estudio realizado por el arquitecto romano Vitruvius en el siglo IV sirve de referencia. En él se describen las proporciones humanas consideradas el ideal de la belleza. Siglos después, Leonardo da Vinci, pintor y arquitecto, entre otros saberes que él dominaba, dibujaría la ilustración del libro en honor a Vitruvius; esta figura es conocida como el «Hombre de Vitrubio». La figura masculina del dibujo es representada en dos posiciones sobrepuestas de brazos y piernas, de tal forma que queda inscrito en un círculo y en un cuadrado. En esta figura se utilizó el número de oro o Phi para establecer estas proporciones humanas.

A lo largo de la historia, muchos artistas e intelectuales fueron iniciados en este conocimiento oculto de la geometría sagrada; es el caso de Leonardo da Vinci. Estos iniciados supieron mantener sus secretos. Podemos ver que las construcciones sagradas se encuentran por todo el planeta. Como hemos explicado anteriormente, fueron alzadas en lugares de especial energía cosmotelúrica; la señalización de estos lugares estuvo a cargo de nuestros ancestros, por lo que las enseñanzas sobre las características de estos lugares llegan hasta nosotros por tradiciones ancestrales. A lo largo de miles de años, el ser humano ha acudido hasta estos lugares para conectarse con la tierra y con el cielo o cosmos; también han sido conocidos como lugares de curación o donde la tierra es fecunda. Con el tiempo, en estos puntos señalados, se edificaron construcciones sagradas de las más diversas formas y culturas, como los dólmenes, menhires, crómlech, túmulos, pirámides, catedrales, templos y estupas, entre otros.

Tal y como el Gran Arquitecto del Universo expresa su creación en la belleza y la armonía de sus formas, los maestros constructores buscan dar esta armonía en sus edificaciones sagradas a través de la geometría y numerología, con el objetivo de que el ser humano al ingresar a esos espacios sagrados se conecte con la divinidad donde sea posible trascender.

Los griegos, herederos de los saberes egipcios, denominaron al orden como «cosmos», y para ellos, su interés en saber las leyes del cosmos tenía como fin ordenar todo lo que existe. La geometría sagrada sigue estas leyes en las construcciones de tal forma que al atravesar la puerta de esos lugares, el ser humano pasa del caos al orden para que se conecte y resuene con la armonía del Universo.

Por otro lado, hay una serie de estudiosos de estos temas muy cualificados, como es el físico y geólogo Gregg Braden, quien en su libro *La Matriz Divina* afirma: «Existe un campo de energía que conecta todas las cosas, que forma todas las cosas, y que es el origen de nuestro mundo: la Matriz Divina».

Análogamente, científicos como Michio Kaku, físico teórico, cocreador de la teoría de Campo de Cuerdas, ecuación que permitiría unificar todas las fuerzas de la naturaleza, afirma que Dios es el «gran matemático». A M. Kaku se suma Stephen Howking, físico teórico, astrofísico y cosmólogo, autor de *Dios creó los números*. Ambos relacionan a Dios con los números y la creación, y como hemos dicho, no son los únicos.

En síntesis, la geometría sagrada emplea las formas y la numerología partiendo de los patrones originales de todo lo que existe. Las formas geométricas que sirven para activar unas energías concretas son la circunferencia, el cuadrado, el triángulo, el rectángulo, la espiral, la flor de la vida y la semilla de vida, entre otras.

En el campo de la numerología, tenemos los números y las proporciones que se establecen relacionándolos; entre ellos destacan los números irracionales como el número de oro o Phi, representado por ϕ y equivalente a 1,618034. Es un número que ha sido estudiado por los matemáticos de todos los tiempos y utilizado por artistas de diferentes disciplinas, como pintores, arquitectos y músicos. El número áureo es un referente de belleza con cuyas proporciones se ha construido el Partenón o dibujado el óleo de la Gioconda. Otro número relevante es π, cuya expresión matemática es 3,1416. Ambos han sido utilizados en la edificación de monumentos sagrados. Existen muchos otros números y proporciones usados en la geometría sagrada, como veremos más adelante.

Entre las otras formas de geometría sagrada, debemos mencionar a los poliedros. Sólo cinco de ellos cumplen la característica de que todas sus caras sean polígonos regulares iguales entre sí y que todos los ángulos sólidos sean iguales; éstos son conocidos como «sólidos platónicos». Siendo símbolos de la belleza ideal, cumplen diversas propiedades de armonía y equilibrio; así tenemos el tetraedro, el cubo, el octaedro, el icosaedro y el dodecaedro. De ellos, escribe Platón en el diálogo de Timeo: «... Deben tener la propiedad de dividir en partes iguales y semejantes a la superficie de la esfera en que están inscritos»; hay que añadir que las raíces cuadradas de 2, 3 y 5 son todas las relaciones necesarias para la formación de estos cinco sólidos platónicos.

Una de las formas geométricas más conocidas es la Flor de la Vida; de ella se dice que contiene los patrones de creación de todo lo que existe. Esta figura geométrica compuesta por 19 círculos y 36 arcos circulares compone un conjunto de forma hexagonal. Esta forma contiene 13 sistemas universales de información. Algunos de los lugares donde se encuentra dibujada esta figura son: una columna del templo de Osiris, en Abydos, Egipto; y el dibujo bajo la pata del león que representa al guardián en la Ciudad Prohibida, en China. Irlanda, Turquía, Japón y Suecia son otros lugares de culturas diferentes donde también se la ha encontrada representada.

La sabiduría del trabajo con las formas proviene de una tradición muy antigua que se pierde en el tiempo. Se sabe que la utilizaron los sacerdotes geómetras egipcios, quienes fueron los constructores de las pirámides y templos más antiguos. Los geómetras partían del Uno, la unidad, el absoluto, y buscaban las proporciones entre las medidas que los llevaran a encontrar el orden. Más tarde, la escuela pitagórica de los griegos se nutrió de los conocimientos de los geómetras egipcios. En este sentido, se cuenta que Pitágoras, que vivió en el siglo VI a. C., recibió de estos sabios sus conocimientos, los cuales luego fueron aportados a la escuela pitagórica y se convirtieron en los difusores de sus enseñanzas en Occidente. Una parte de estos saberes es la denominada «música de las esferas».

Por otra parte, para aprender a edificar, los maestros constructores accedieron a estas enseñanzas a través de la tradición oral. Con el tiempo, las escuelas que se crearon se encargarían de realizar los templos románicos y catedrales góticas en Occidente. El templo de la Sagrada Familia de Barcelona, obra del arquitecto Antonio Gaudí, fue planificado utilizando geometría sagrada, patrones recogidos de la propia naturaleza.

Raymond Montercy, ingeniero del CERN de Ginebra, ha sido el difusor en nuestros tiempos de los conocimientos sobre los «Trazados Reguladores», los que le fueron proporcionados por Raoul Vergez, decano del gremio de constructores de catedrales franceses Les Compagnons, quien le entregó la documentación que guardaba al respecto. Montercy ha divulgado estas enseñanzas poniéndolas al alcance de las personas interesadas en el tema y rompiendo de esta forma con el hermetismo que había sobre él.

Los Trazados Reguladores al ser desarrollados toman la forma de mandalas, por lo que lo primero que se establece es la posición del sol con respecto al emplazamiento y se continúa con los ritmos de la tierra, el sol, la luna y las estrellas. Como se sabe, la latitud del lugar es determinante para la geometría que se vaya a desarrollar. En la Antigüedad, el maestro cantero debía señalar el punto central de la construcción según las observaciones *in situ* del solsticio de verano, realizando posteriormente los estudios de los ritmos solares del lugar y estableciendo su situación en relación con los solsticios y los equinoccios.

Sobre estas construcciones, explica Daniel Rubio, psicólogo clínico y especialista en geobiología, «es el conjunto de las energías matemática y espiritualmente estudiadas del lugar las que interaccionan con cada uno de nosotros, en cada uno de los momentos de los ciclos del tiempo y en el instante preciso en que nuestro encuentro "consciente" con ellas permite que se desplieguen en todo su esplendor, liberando el mensaje particular para cada uno».

Dice la tradición que en un pasado, la geometría sagrada fue utilizada para armonizar y equilibrar ciudades, templos y otras construcciones. Éste sería el caso de civilizaciones perdidas como la Lemuria y luego la Atlántida. Esto se habría realizado de forma que antes de empezar una construcción o asentamiento físico, se efectuaba la creación de mandalas en el campo energético; estos mandalas conectaban las ciudades con el centro energético del planeta, con la Madre Tierra y con el cosmos.

El ser humano tiene una capacidad innata que le permite percibir la energía de un lugar, de un dibujo, de una piedra. Una cualidad que nuestros antepasados tenían más desarrollada y por la cual eran capaces de sentirse uno con todo lo que les rodeaba, como parte del medio donde se desarrollaba su vida. Sobre esto, Javier Petralanda explica en su blog: «En una naturaleza todavía virgen, esta visión intuitiva, unitiva y global de la realidad no cabe duda de que les permitía tener acceso a parcelas del mundo suprasensible, a las que nosotros solamente podemos acceder mediante un duro y continuado trabajo interior». Y agrega: «Es imprescindible, pues, un esfuerzo de apertura de corazón, primando el sentir sobre el razonar».

Otro estudioso que ya hemos mencionado, Daniel Rubio, define esta cualidad del ser humano a la que denomina «ressenti» como la «capacidad perceptiva y sensibilidad para "captar las energías" de los lugares». Igualmente, Raymond Montercy y Valerie Cusset la denominan «biosensibilidad», y la definen como: «…Capacidad natural, común a todo ser vivo, que es la capacidad de percibir de forma sensible las interrelaciones sutiles con el entorno inmediato por medio de su comportamiento psicosensorial».

Culturas como la sumeria, egipcia, hindú, íbera, celta, china, maya, olmeca, tiahuanacota, inca, griega, romana, judía, musulmana y cristiana, entre otras, han utilizado la geometría sagrada.

Las construcciones emblemáticas de los Himalayas y de otros lugares del mundo

De modo similar, se elevan las construcciones budistas, conocidas como «chörten», palabra tibetana para designar las estupas, que simbolizan a Buda y su iluminación, y están edificadas en relación a los cinco elementos dentro de un conjunto de interacciones simbólicas del universo: la tierra, el agua, el fuego, el aire y la consciencia; en ellas es parte prioritaria la relación del hombre con la tierra y el cosmos.

También utiliza las formas geométricas, por lo que el chörten tiene una base cúbica que representa el elemento tierra, que en el cuerpo humano corresponde al chacra raíz y simboliza la estabilidad y continuidad.

El siguiente es el elemento agua, que está representado por la parte esferoidal. Después se encuentra la parte cónica, que simboliza el elemento fuego, el elemento aire, que es el movimiento, y la vibración, para finalmente coronar la estructura con una media luna y un sol, cuyo significado es reintegrar la conciencia con la Matriz Universal, siendo el papel del ser humano el de mediador entre el cielo y la tierra. De estas construcciones emanan campos de energía pura que se manifiestan en mandalas, que son unos diagramas geométricos del universo.

La hermosa estupa de Khuiten se localiza en la cordillera más alta de Mongolia, la del Altai Mongol, cuya montaña más alta es justamente Khuiten, un lugar muy sagrado para los pobladores de esta zona, (*véase* Fotografía 8).

El templo del monte Moriá

Recuerdo que la primera vez que leí sobre el templo de Salomón fue en el libro *Los templarios y la mesa de Salomón*, de Nicholas Wilcox; me llamó la atención la historia de su construcción y los misterios que aún hoy envuelven a la estancia de los templarios en sus instalaciones.

Sobre el templo de Salomón hay que decir que esta legendaria construcción ha sido la fuente de inspiración y conocimiento para posteriores edificaciones sagradas. Como sabemos, Salomón fue hijo del rey David y heredero de los conocimientos y reliquias que salieron de Egipto en el éxodo del pueblo judío, cuyo patriarca era Moisés. Salomón gobernó Israel cerca de cuarenta años, período que se conoce como el de mayor esplendor de este «pueblo de pastores»; la sabiduría de este rey, que gobernó sabiamente, fue reconocida y respetada por los numerosos monarcas de la época. Se cuenta de Salomón que estaba iniciado en el lenguaje de los pájaros, cuyos conocimientos le permitieron realizar tan magna obra.

Según el relato, Salomón debía construir un templo en honor de Yahveh, su dios, tal como su padre, el rey David, le había encomendado, pero entre los pastores de su pueblo no encontraba a la persona con los requerimientos necesarios para poder encargarse de su construcción, así que tuvo que buscar en otros reinos; de ahí que fuera encargado al arquitecto y artesano Hiram Abif, conocido como «el arquitecto de las estrellas», cuyo padre era de Tiro y cuya madre procedía de la tribu de Neptali, la cual tenía los conocimientos de los maestros constructores de una larga tradición y conocía las técnicas de moldeado de metales, trabajos artesanos en piedra, en madera y toda clase de grabados, a lo que se sumaba que era un excelente organizador de los diferentes estamentos necesarios para la gran obra.

Entre los estudiosos, Isaac Newton, teólogo, físico, matemático, inventor y alquimista inglés, destinó muchos años a investigar la geometría del templo de Salomón. En su libro *The Chronology of Ancient Kingdoms*, tiene un capítulo dedicado a este templo. Newton sostenía que los números y las proporciones en los templos antiguos tenían «un propósito divino», siendo la Biblia su primera fuente de estudio.

De esta manera, Newton indagó cómo se habían utilizado los principios de las formas geométricas y las numerologías sagradas en la edificación del templo de Salomón, y llegó a concluir que la perfección de las formas estaba determinada por los grandes expertos con que se había contado y por la inspiración divina.

Otro estudioso del tema fue Villalpando, jesuita que escribió una obra de tres volúmenes sobre el templo de Salomón. En tiempos de Felipe II, su mecenas, escribió sobre cómo se vieron influenciadas las construcciones de Grecia y Roma por esa gran obra, atribuyendo la perfección de esta construcción también a la inspiración divina.

Se dice que la reina de Saba tomó parte en la asamblea de sabios designada por Salomón para diseñar el templo. El símbolo de palmípeda que portaba sería la marca de pertenencia al culto de la diosa madre, culto que también tuvieron los sacerdotes egipcios en el culto a Isis. En alusión a Isis más adelante los masones fueron denominados «los hijos de la viuda».

Tal y como se conoce, el templo se encontraba en la cima del monte Moriá, en la ciudad de Jerusalén, ciudad de la paz, y conservaba el sincretismo solar-lunar que luego sería cambiado al patriarcal. Según la descripción de la Biblia, este templo estaba orientado este-oeste. Sobre sus medidas, las fuentes no coinciden. En la entrada había dos columnas de bronce; a la columna de la derecha se le dio el nombre de Jacques o Santiago y a la otra Boaz. El paso por estas columnas para ingresar al templo significaba el paso del caos al orden. Se dice que las columnas estaban rematadas por la flor de lis, símbolo de la diosa madre.

Del diseño se sabe que tras la puerta se encontraban tres recintos: el Ulam o atrio, que tenía las proporciones de «doble cuadrado»; el Hekal o santuario; y la tercera cámara, el Debir, el Sancta Sanctorum. El Hekal guardaba la proporción 1:2 del «doble cuadrado» del atrio y estaba realizado en piedra forrada en madera de cedro libanés. Se sabe que el cedro es una madera muy especial que serviría de resonador natural. La tercera estancia, el Debir, que era el lugar más sagrado del templo, guardaba la revelación divina y estaba a un nivel más alto que el Hekal. Se subía a él por una escalera y tenía la forma de «cubo», es decir, de uno de los sólidos platónicos, el hexaedro regular. Este lugar era el Sancta Santorum, en cuyo centro se encontraba el Arca de la Alianza, donde, se dice, permanecían las Tablas de la Ley y otros objetos sagrados. El cubo es la forma utilizada en muchas edificaciones para colocar su lugar más sagrado, como el cubo negro en la Meca o muchos de los sagrarios donde se guarda la sagrada hostia de los templos católicos.

El templo además tenía un patio interior rodeado por un muro de piedra y cubierto con vigas de cedro para los fieles y peregrinos, pues como sólo podían acceder al interior los sacerdotes y el rey, las ceremonias se realizaban en el exterior; sólo el sumo sacerdote entraba al Sancta Santorum. En las proporciones del templo, se podían encontrar la raíz cuadrada de 2, 3 y 5 y el número áureo, entre otros elementos de la geometría sagrada.

Pirámides en todos los continentes

La forma de estas famosas estructuras, las pirámides, ha sido catalogada como una espiral logarítmica, por lo que contiene en su interior el movimiento ascendente de las ondas energéticas que van hasta el vértice de la pirámide.

Se sabe que son una de las formas arquitectónicas más frecuentemente utilizada en las construcciones sagradas por culturas muy diversas en el mundo. Lo expresaba de esta manera el psiquiatra e investigador Jiménez del Oso: «Las pirámides son los templos sagrados que más abundan en el mundo antiguo», y agregaba que era «una coincidencia de criterios constructivos que no ha sido aclarada». Samir Osmanagich, descubridor de las no menos controvertidas pirámides de Bosnia, en su libro *Las pirámides del mundo y las pirámides perdidas de Bosnia*, Ediciones Obelisco, subraya que no solamente se construyeron en Egipto y México, sino también en muchos otros lugares como Perú, Guatemala, El Salvador y Belice. Explica: «Existen decenas de pirámides en las Canarias y Mauricio, 225 en Nubia… y cientos de ellas por toda China y Camboya», y falta por confirmar su existencia en lugares tan remotos como Brasil, Australia e Indonesia.

Egipto, sus doradas arenas llenas de misterios

Hablamos de una cultura cuyas pirámides más antiguas se encuentran mejor realizadas que las posteriores; a ciencia cierta se desconoce cómo lograron ese alto nivel de avance. Sumándose a este inexplicable desarrollo arquitectónico de sus edificaciones, se encuentran los misteriosos Shemsu Hor (seguidores de Horus), de quienes en el siglo III a. C. el sacerdote e historiador egipcio Maneton relató que esos personajes legendarios que gobernaron Egipto durante 6000 años, es decir, en el período intermedio comprendido entre el reinado de los dioses y el primer período de la dinastía faraónica, serían los padres del conocimiento para edificar las antiguas pirámides.

Según Robert Bauval, ingeniero y escritor nacido en Alejandría y de padres belgas, los monumentos sagrados y en especial las pirámides son parte integral de la arquitectura astronómica y religiosa egipcia. La relación de cultos ancestrales con construcciones sagradas, como las pirámides y otros templos, fue realizada por sacerdotes, astrónomos y geómetras, los cuales veneraban al dios Thot y tenían la creencia en un dios único.

De la creencia en el dios único, partieron como concepto de unidad para desarrollar sus construcciones, a las que aplicarían conocimientos de geometría sagrada, la cual se constituye en un parámetro que permite la conceptualización de las medidas y proporciones de la geometría y numerología; en sus escuelas se dice que fueron instruidos los griegos Pitágoras y Solón. Antes del éxodo del pueblo de Israel a Egipto, fue el propio Moisés el que pudo acceder a este conocimiento en la corte de los faraones de la que formaba parte, que posteriormente sería utilizado en la construcción del templo de Salomón.

Bauval, que ha pasado no pocos años de su vida investigando las pirámides del antiguo Egipto, explica sobre la necrópolis Menfita en su libro *El misterio de Orión* que abarcaría un vasto territorio de 43 000 km, del que forma parte la meseta de Gizéh. En esta necrópolis se encontrarían las siete pirámides de la V dinastía, junto a siete de la IV dinastía, lo cual daría un total de catorce. De esta forma, su planificación habría tomado como base el mito de Osiris, tal como hemos explicado en la primera parte de este libro. Es decir, recordemos, las catorce partes en que fue dividido el cuerpo de Osiris corresponderían a cada pirámide de la necrópolis.

Es importante destacar, entre las deidades egipcias, a Maat, la diosa de la justicia, la verdad y la armonía cósmica; de ella se desprendían las normas que rigen todo el orden cósmico y las reglas sociales. Con frecuencia encontramos a los faraones que aparecen en los decorados de los templos ofrendando una escultura de Maat ante los dioses, lo que confirma la importancia que tenía para ellos mantener el orden en la tierra. Según la mitología egipcia, esta diosa existió antes de la creación, cuando todavía sólo estaba el Océano Primordial Num. Fue el acto primordial del creador Atum, la creación de Maat u orden cósmico, lo que posibilitó la creación del universo, por lo que es motivo inseparable e imprescindible del universo. Es ella la que posibilita el continuo renacer, la renovación constante de la vida. Se la representaba por una figura femenina con alas que portaba en la cabeza una pluma de avestruz, símbolo de justicia.

Al respecto, Bauval afirma que todos los reyes de Egipto eran considerados reencarnaciones de Horus y depositarios de Maat, por lo que eran los encargados de mantener la justicia y el orden. Para Siegfried Morenz, autor del libro *Egyptian Religion*, Maat era un trazo recto y plano, que habría sido en principio un término geométrico.

Por otro lado, la meseta de Gizéh, donde se encuentran las tres pirámides, está sobre la línea imaginaria del paralelo 30° de latitud y casi exactamente 30° de longitud. Hoy se sabe que alrededor de los paralelos 30°, tanto del hemisferio norte como del sur, pasa una importante red electromagnética, originando como consecuencia que en ellas se produzcan anomalías magnéticas y energéticas.

El complejo arqueológico de la Ciudadela de Teotihuacán es otra construcción sagrada que también se encuentra en esta línea neurálgica del paralelo latitud norte 30°; en este complejo se encuentran las pirámides del Sol y de la Luna, y la de Quetzalcóatl o serpiente emplumada.

El orden con el cosmos

Las tres pirámides de la meseta de Gizéh ejercen una enorme atracción para los viajeros que se desplazan a El Cairo para poder contemplarlas. Bauval describe lo que él denomina la «teoría de la correlación de Orión», en la que explica que las pirámides de Keops, Kefrén y Micerinos estarían orientadas en forma correlativa a las «estrellas azules» del cinturón de Orión, Mintaka, Altinak y Alnilame, pero dicha orientación coincide con la posición en la que se encontraba nuestro planeta en relación con la constelación hace 10 500 años.

Graham Hancock, de origen escocés, es periodista, investigador de temas relacionados con civilizaciones antiguas y autor de numerosos libros; de ellos, el más conocido es *Las huellas de los dioses*. Según sus investigaciones, los monumentos sagrados más emblemáticos de la Antigüedad estarían construidos siguiendo la forma de diferentes constelaciones, por lo que reflejarían el «cielo en la tierra»; así, las tres pirámides de la meseta de Gizéh en Egipto reflejarían el cinturón de la constelación de Orión, y por su parte, los templos de Angkor en Camboya, el de la constelación del Dragón.

Nuestro planeta tiene cuatro movimientos; de ellos, con el de rotación y el de traslación estamos familiarizados, pero con el de nutación y el de precesión bastante menos. El de precesión de los equinoccios, que es el movimiento de los ejes de rotación de la Tierra, dibuja un círculo que se tarda en recorrer 25 920 años. Un grado de este círculo es equivalente a 72 años terrestres. Este concepto lo sabían los antiguos y lo plasmaron en las medidas de sus templos sagrados. Debido a este movimiento, la posición de la Tierra con respecto al cosmos, y por lo tanto a las constelaciones, no es la misma.

Detrás de la Esfinge, en la meseta de Gizéh, estaba la Estela del Inventario. En ella está inscrito que el faraón Keops fundó la «casa de Isis, señora de la pirámide», por lo que en el monumento más antiguo de la meseta, está presente la diosa madre a través de la figura de Isis.[6]

La Gran Pirámide toma su nombre del faraón Khufu, más conocido como Keops en griego (*véase* Fotografía 9). Se encuentra en un punto geomagnético muy importante de la Tierra, lo que no sería un hecho casual, sino al contrario: los antiguos sacerdotes constructores buscaron ese lugar para edificar este monumento de piedra. Allí se localiza el eje más intenso de las redes solares, lo que se denomina «Maximus Maximi Maximorum», según Daniel Rubio. Cabe destacar que la pirámide de Keops es la más antigua, la más alta y la que tiene la edificación más perfecta de las tres. De la meseta de Gizéh, una de sus cualidades que hay que destacar es que su orientación cumple con exactitud con los cuatro puntos cardinales.

Es asombroso que se pudieran realizar cálculos avanzados empleando geometría sagrada y observación astronómica en

---

6. Conscienciadespierta.wordpress.com/2010/12/20/el-misterio-de-la-piramide-y-la-esfinge-de-guizeh/

un tiempo en el que ninguna civilización en la tierra habría podido desarrollarlos; miles de años después, éstos han podido ser corroborados con los descubrimientos de la ciencia actual, eso sí, con la ayuda de sofisticados programas de ordenadores y otros avances a los que se ha tenido acceso. La pregunta que nos hacemos todos es cómo hicieron los egipcios de la Antigüedad para poseer estos saberes? Sobre esto, el arquitecto y escritor Miquel Pérez-Sánchez, autor de *La Gran Pirámide, clave secreta de la Atlantida*, afirma que no existe una explicación sobre cómo lograron insertar en la pirámide «una gran cantidad de información científica, matemática, geodésica, astronómica y geométrica», y considera, además, que es un monumento que, según la ciencia oficial, tiene una antigüedad de 4600 años. Hablaremos de estas y de otras características que la hacen única, y de los conocimientos que guarda, que han sido un referente para numerosas construcciones sagradas hechas con posterioridad, como el templo de Salomón y las catedrales góticas.

La Gran Pirámide reúne en su construcción una serie de medidas que la relacionan proporcionalmente con las medidas del ser humano, la Tierra, el Sol, la Luna y las estrellas. Entre estas proporciones, podemos destacar su altura 147,1 m, que representa la millonésima parte de la distancia al astro rey en el momento de su proximidad a la Tierra, el denominado «perihelio».

A mediados del siglo XIX, John Taylor, uno de los grandes estudiosos de la pirámide, contaba en su libro *La Gran Pirámide*, el hallazgo de una serie de proporciones de la pirámide, entre las que destacan: el número Phi, la relación de las medidas de la pirámide con la distancia al Sol y a la Luna, la medida de la circunferencia del globo terráqueo y la duración del año.

Según algunos de los expertos, esta edificación habría sido realizada, entre otros fines, para rituales de renacimiento; cuando fallecía un faraón, se realizaba una ceremonia para que al partir se convirtiera en uno con Osiris más allá del Duat, lugar de paso hacia el inframundo de la mitología egipcia para arribar al lugar donde se encontrarían los seres de luz.

El mito del renacimiento está asociado a los cuatro canales encontrados en la pirámide de Keops, dos de los cuales salen hacia el exterior desde la cámara del rey y los otros dos desde la cámara de la reina, señalando en dirección sur a Orión y Sirio, mientras que los otros dos canales lo hacen al norte a la Estrella Polar, Alfa Draconis, y a la cabeza de la constelación de la Osa Menor, de tal manera que la salida del alma del rey muerto era alineada con sistemas estelares, los cuales señalarían algún lugar en la constelación de Orión.

El rito del renacimiento era realizado por los egipcios con la azuela celestial de Horus, un instrumento de hierro que servía para la apertura de la boca, convocando la magia para la salida del alma a las estrellas, tal como lo explica Bauval en el *Misterio de Orión*. Recordemos que «mitos de renacimiento» es un término asociado a la diosa madre, en este caso a Isis.

Los constructores de las pirámides tenían conocimiento del ciclo de precesión de los equinoccios de nuestro sistema solar, el cual se desarrolla alrededor del Sol central de las Pléyades en un período aproximado de 26 000 años y del que ya hemos comentado con anterioridad.

La Gran Pirámide tiene una particularidad: sus cuatro caras se dividen en dos, con una ligera pendiente hacia dentro, con lo que se forman ocho lados triangulares con gran precisión. Esta característica y su orientación hacia el norte geográfico genera un fenómeno de proyección de sombras en los equinoccios denominado «efecto relámpago», que se produce coincidiendo con los equinoccios y que puede ser observado en el momento del amanecer y en el ocaso. Este fenómeno no es casual, pues fue construido con la intención de marcarlos.

En México, en Chichén Itzá, el complejo que se erige en la península de Yucatán, otra pirámide, la de Kukulcán, fue construida de tal forma que en los equinoccios se forma una serpiente con luces y sombras descendiendo por las escalinatas.

Como en otras estructuras sagradas, el número π y el número de oro φ han sido utilizados en la pirámide.

En Keops, el número π lo encontramos en su perímetro al dividir éste por el doble de su altura, por lo que el perímetro de los cuatro lados de la pirámide mide 921,455 m y su altura 146,5 m, con lo que sustituyéndolo en la fórmula del perímetro de una circunferencia, tenemos $P = 2.\pi.r$, $\pi = 921,455/ 2 \times 146,5 = 3,14489$, es decir, el número π: 3,1416.

El número de oro φ o número Phi, también llamado número áureo, se encuentra en la proporción entre la altura de una cara y la mitad de la base, o al dividir el cociente del área total y el área lateral, pero no son las únicas medidas de la pirámide que contienen φ.

La unidad de medida base utilizada para la Gran Pirámide es el codo real, cuya proporción equivale a 0,5236 m, que es la medida del zócalo. Con ella se ha podido determinar con gran precisión la numerología y proporciones de esta edificación. Potenciadas a través de ser multiplicadas o divididas, las proporciones de la pirámide medidas con el codo real dan la distancia de la Tierra a la Luna, el diámetro del Sol y la distancia de la Tierra al Sol.[7]

Pérez-Sánchez asevera que todas las estructuras de la pirámide de Keops son armónicas como resultado del trabajo con

---

7. www.antiguoegiptoxxi.com/la-gran-piramide-y-el-cielo/

ciertas constantes numéricas, entre ellas los números 888 y 892. Durante la investigación que realizó de la pirámide de Keops, encontró un código secreto de la gematría, es decir, una correspondencia de letras a números encriptada en lengua griega y hebrea. En este código, el número 888 correspondería al «Dios Único Primigenio», al cual se hallarían asociadas medidas de espacio y tiempo dentro de la Gran Pirámide. Otro número de este código encriptado es el 892, que se traducía en la palabra «Atlantis».

Pérez-Sánchez afirma que su construcción duró sólo 17 años y 888 días, y que fue realizada para conmemorar la desaparición de la Atlántida.

El número 432 también es una de las proporciones clave encontradas en la pirámide. Utilizándolo es posible obtener, entre otras medidas, las dimensiones de la Tierra y el radio del círculo de visión respecto a la Luna.

PARTE V

Catedral de Chartres

En la ciudad del mismo nombre, a 80 km al norte de París, se encuentra la catedral de Nuestra Señora de la Asunción (*véase* Fotografía 10). La hermosa catedral de Chartres se alza sobre la colina de Carnut-ls, el monte sagrado de los celtas carnutes.

En el año 2015, en un viaje organizado con un grupo de amigos, tuvimos la oportunidad de conocer algunos de los lugares sagrados del norte de Francia, entre ellos, la bonita ciudad de Chartres y su catedral. La tranquilidad que se respira en sus calles va unida a la amabilidad de su gente. En ella destaca la figura de su templo mágico de tal forma que se la puede apreciar desde cualquier punto de la ciudad.

A esta catedral ingresaban en el pasado los peregrinos por la puerta norte, conocida como Portal de la Alianza o Portal de la Creación, cuya fachada está dedicada al Antiguo Testamento y a la llegada de Cristo. Allí, entre las esculturas de los profetas, se encuentra el sumo sacerdote de Dios, el altísimo Melquisedec, el cual porta una copa, y dentro de ella, una piedra. Se cree que esta curiosa forma hace referencia al Santo Grial, relacionándolo con una mítica piedra caída del cielo, que sería la piedra de «Chintamani», conocida así en la tradición oriental. Otro detalle de la misma puerta que nos enseñó la guía es la piedra que los peregrinos tocaban al ingresar al templo en señal de respeto o reverencia a lo sagrado. Como recordaremos, las piedras tienen la capacidad de retener la información depositada en ellas. Los maestros no sólo construyeron físicamente en estos lugares, sino que depositaron en ellos su energía personal y el sentir de su espíritu.

En este lugar, desde tiempos muy antiguos, los pueblos megalíticos, anteriores a los celtas, peregrinaban para rendir culto a sus dioses. Se dice que allí se encontraba un importante dolmen que imitaba a la cueva primitiva como el vientre de la diosa madre. Fueron los celtas carnutes, conocidos como los «guardianes de la piedra», los que construyeron en esa colina el denominado Pozo de los Fuertes, de 33 metros de profundidad, el cual se halla en un lugar contiguo a la gruta, donde antiguamente se encontraba «Nuestra Señora Bajo Tierra», una Virgo Paritura de los celtas. Hoy, en ese mismo lugar, se ha colocado la escultura de una Virgen con un Niño.

Este sitio ha sido conocido desde tiempos inmemoriales como un lugar de sanación y de fertilidad. Así, se sabe que numerosas reinas que no podían tener hijos acudían hasta allí para pedir que se les concediera poder dar herederos a la corona.

En el siglo XIII, la Escuela Filosófica de Chartres fue un centro intelectual muy importante en Europa, dirigida por el obispo Fulberto, quien había construido en ese mismo lugar una iglesia del siglo XI inspirada en las proporciones musicales. De esta escuela toma sus principios la catedral gótica. En ella se concibe el universo como una composición sinfónica. Sabemos que los conocimientos del trabajo con la piedra y la cosmología musical tienen su origen en los diálogos platónicos de Timeo, siendo la escuela musical de Pitágoras la que mantiene que la generación del universo se rige por el ordenamiento musical de las proporciones, proporciones que serían las relaciones armónicas de la octava musical, la misma que fue utilizada en la construcción de Chatres y que la hace única.

A partir de 1128, el gótico aparece en abadías benedictinas y cistercienses después del retorno de los caballeros templarios de Jerusalén. La catedral de Chartres es una de las primeras construcciones góticas, junto a las catedrales de Saint-Denis y de Sens, en el siglo XII. Su ejecución duró veintiséis años y su construcción se inició en 1194. Se conoce que los templarios, durante su permanencia en Oriente, tuvieron acceso a conocimientos ancestrales de numerología y geometría sagrada en las escuelas ocultistas de Oriente y del antiguo Egipto, a lo que se sumó la sabiduría de los maestros constructores de las antiguas escuelas que se encontraban trabajando en los templos de Europa.

Es de resaltar el dominio de las técnicas empleadas por los maestros para la elaboración de las vidrieras, especialmente diseñada para la catedral con esas tonalidades traslucidas que las hacen tan especiales. En la actualidad no se ha logrado conseguir el mismo efecto; por el contrario, al intentar conservarlas, les dieron un barniz que ha variado sus efectos. Entre los tonos que consiguieron, está el azul Chartres. Por otro lado, los maestros vidrieros que las realizaron no dejaron el secreto de la aleación utilizada para poder conseguir el paso mágico de la luz por sus vidrieras.

Cada piedra colocada en la catedral está hecha con una intencionalidad por los maestros canteros, como todos los detalles de la misma, al igual que en los templos románicos.

Respecto a la arquitectura gótica, diremos que es un sistema de construcción basado en el crucero de ojivas, es decir, apuntado en el arco u ojival. A partir de esta técnica se hace posible la mejor distribución de las fuerzas, utilizándose menos piedra y lográndose al mismo tiempo una mayor estabilidad estructural. De esta manera, se puede dotar de grandes ventanales a la catedral, por donde se filtra la luz. Para la edificación de estos templos, se ha empleado piedra caliza por sus cualidades de buena conductora. Sobre el arte gótico utilizado en esta catedral, Louis Charpentier, autor de *El enigma de la catedral de Chartres*, explica que la ojiva fue elaborada sobre la forma de una estrella de cinco puntas, es decir, que en este arco ojival estaría la representación de las dimensiones del hombre, cuya correlación entronca con el objetivo de la edificación, que es actuar sobre el hombre para que trascienda. La bóveda de crucero utilizada es acanalada y ligera para permitir una mejor distribución de cargas y una mayor altura. El empleo de arbotantes, con los que se puede realizar la elevación de las paredes, permite la unión de los mismos en el punto en el que la bóveda se junta con los muros. Todo esto da lugar a lo que en principio se quería conseguir, que la luz traspase al interior del templo, la luz cuya relevancia es la presencia divina en el lugar.

Como en otros recintos venerados, también fue utilizada la geometría sagrada. En este caso en particular, este hecho se ve reflejado en los mandalas de las vidrieras.

En cuanto a los números, el número áureo y sus múltiplos fueron empleados en las distancias entre las columnas y en las longitudes de la nave. El número 37 es uno de los más repetitivos en la construcción, como en el centro sacro de la catedral, que se sitúa a 37 m debajo de la bóveda y 37 m por encima del nivel del agua del pozo, y es 37 m el ancho de la nave y de la cripta. El 37, si se suma, es el $3 + 7 = 1 + 0 = 1$, el principio de la deidad, el Dios Único.

Laberinto de Chartres

Los laberintos se erigen en lugares sagrados y son en sí mismos figuras de geometría sagrada. Se han encontrado laberintos que fueron hechos desde el Neolítico, en pinturas rupestres en cuevas y en piedras grabadas, como el llamado laberinto de Mogor. Para recorrerlos, se sigue una ruta única que lleva hasta el centro. El laberinto tiene la finalidad de trabajar hacia la expansión de la consciencia, siempre y cuando uno realice su recorrido con consciencia, valga la redundancia.

El laberinto de este templo está colocado sobre el pozo de agua, elemento necesario en un lugar sagrado, así como la falla telúrica. En el centro del pozo hay colocada una flor de seis pétalos, que se encontraría relacionada con la estrella de David o de seis puntas y también con las no menos famosas líneas de Nazca (Perú), un símbolo muy antiguo, y con la geometría del cubo. Por otro lado, se sabe que en el centro de este laberinto había una placa de Teseo y el Minotauro, dos personajes de la mitología griega del más famoso laberinto de la Antigüedad, el de Creta.

Javier Petralanda, nos dice: «El laberinto es el lugar sagrado, emblemático, de curación física y expansión de conciencia».

Su recorrido, que mide aproximadamente 12,8 m, se desarrolla en once vueltas para llegar a su centro, desde donde se emprende el regreso. Es así como a los peregrinos, al recorrerlo, les lleva hacia su propio ser interior. Haremos un inciso para señalar que es interesante que hagamos una parada cuando estemos en el centro del laberinto, para poder alcanzar el estado de contemplación que nos unirá al lugar; después se retorna al exterior, integrándonos armoniosamente con el todo.

En la catedral de Chartres, el laberinto parte de 6500 unidades bobis para ir elevándose a medida que se transita, hasta llegar en su centro a 17 000 unidades bobis. En el último punto, antes de llegar al centro del laberinto, estas unidades bobis bajan hasta un mínimo, lo que produce que al dar el último paso hacia su centro, se perciba una elevación vertiginosa que produce un estado de alegría y paz. Otro ejemplo es el laberinto de la catedral de Amiens, que tiene en su centro 18 000 unidades bobis.

África y Europa no son los únicos continentes donde se han desarrollado construcciones de piedra con geometría sagrada; están por todo el planeta, veamos a continuación.

PARTE VI

Los Andes y sus enclaves sagrados

En los Andes sudamericanos, hay innumerables vestigios de lugares sagrados cuya construcción asombra a los estudiosos por la precisión y armonía de sus formas, a lo que se unen los conocimientos astronómicos de sus constructores, como se ha podido comprobar en la orientación de sus edificaciones hacia los cuatro puntos cardinales y las constelaciones.

Nos llama la atención este asombroso conocimiento muy adelantado a su época. El escritor Antón Ponce de León, autor de *Y... el anciano habló*, libro donde reúne sus experiencias con ancianos queros de los Andes, un antiguo pueblo del Tahuantinsuyo, relata que los continentes americano y asiático recibieron la emigración de una civilización desaparecida llamada Mu, la cual habría sobrevivido a una gran catástrofe en su continente de origen. Mu estaría situada en el océano Pacífico.

Siguiendo este relato, cabría la posibilidad de que los sobrevivientes llegaran a refugiarse a América y enseñaran los grandes conocimientos de la civilización de Mu a las culturas preincas, y que la inca la heredera de éstas. Así es como también les habrían llegado sus técnicas de construcción y de agricultura, su sistema de convivencia y su propia forma de ver el universo, esto es, su cosmovisión. De esta manera, los pueblos preincas habrían integrado a sus saberes los conocimientos de Mu.

De estos antiguos saberes, destaca la chacana o cruz andina.

Fotografía 1. Montaña sagrada de Amboto, morada de la diosa Mari. Vizcaya, España.

Fotografía 2. Ermita templaria de San Bartolomé, cañón del río Lobos. Soria, España.

Fotografía 3. Montaña sagrada de Montserrat, donde se encuentra la basílica de la Moreneta. Barcelona, España.

Fotografía 4. Grabado de cierva. Cueva del Moro Chufin, Valle del río Nansa. Cantabria, España.

Fotografía 5. Entrada. Cueva del Moro Chufin, Valle del río Nansa. Cantabria, España.

Fotografía 6. Dolmen de la cueva de Dania. Girona, España.

Fotografía 7. Menhir Champ Dolent, Bretaña francesa.

Fotografía 8. Estupa sagrada de Khuiten, Mongolia.
Ricardo Gonzalez Corpancho.

Fotografía 9. Piramide de Keops y la Esfingue. El Cairo, Egipto.
Fotógrafa: Rosa Mary Paraíso Hernández.

Fotografía 10. Catedral de Nuestra Señora de la Asunción.
Chartres, Francia.

Fotografía 11. Puerta del sol, complejo arqueológico de Tiahuanaco, Bolivia.

Fotografía 12. Lago Titicaca, ubicado entre Perú y Bolivia.

Fotografía 13. Chacana, figura relevante de la geometría sagrada de los Andes. En la fotografía, en el templo de la Luna, lago Titicaca, Bolivia.

Fotografía 14. Ciudadela de Machu Picchu, Perú.
Fotógrafa: María Eugenia Sanz Martín.

La cruz andina

La chacana o cruz andina es un símbolo sagrado entre las culturas preincas y la inca. Esta forma geométrica se ha encontrado también en otras culturas de América y en otros continentes.

Esta figura está conformada por una cruz de doce puntas, cuadrada y escalonada. Lo interesante de ella es que se constituye en la figura central desde donde se desarrolla la geometría sagrada de los pueblos de los Andes.

Como se sabe, en los Andes, desde épocas que se pierden en la historia, es venerada la constelación de la Cruz del Sur, un fenómeno cósmico que se puede apreciar en el hemisferio austral. Tal como puede ser observado, esta cruz está conformada por cuatro estrellas principales: Alfa, Beta, Delta y Gama, y sus extremos están orientados a los cuatro puntos cardinales. Esto sucede cuando el eje mayor se encuentra en el cenit, lo cual ocurre el día 3 de mayo, por lo que ese mes es el más importante para los pueblos originarios de los andes, como son los aymaras, quechuas y tiahuanacotas.

Podemos apreciar la correlación entre la figura geométrica de la chacana y las proporciones de la constelación de la Cruz del Sur. A través de ella, los antiguos pretendieron llevar «el cielo a la tierra». En ella destacamos que entre sus proporciones está contenido el número π, con el que los maestros constructores de los Andes resolvieron también la cuadratura del círculo. El arquitecto, astrónomo, catedrático e investigador peruano Carlos Milla Villena, en su libro *Génesis de la cultura andina*, señala: «La cruz cuadrada es una figura geométrica utilizada como símbolo ordenador de los conceptos matemáticos religiosos en el mundo andino. Su presencia continua en los recintos sagrados y en los objetos rituales permite hacer esta afirmación».

Por su parte, el ingeniero Marcos Guerrero Ureña, autor de *Geometría analítica fractal: la geometría prehispánica*, explica que «esta figura geométrica tiene un carácter métrico fractal». Otra de las proporciones encontradas en la cruz andina es la sucesión de Fibonacci o sucesión infinita de números naturales.

Por otro lado, los estudiosos de las tradiciones andinas han encontrado que desde tiempos inmemoriales existía un gran interés por las leyes que operan en el cosmos y su ordenamiento. En ese sentido, la importancia de la chacana se da como la figura geométrica utilizada como ordenador e instrumento de planificación.

Veamos con más detenimiento algunos conceptos en la cosmovisión andina. La palabra «pacha» se refiere a espacio-tiempo similar a lo que entendemos como «cosmos», de forma que cuando la palabra pacha precede o se coloca después de un término, indica ciertos espacios y tiempos, como Uku Pacha (el mundo de abajo, el de los muertos, nonatos, todo lo que se encuentra debajo de la tierra), Kay Pacha (el mundo donde habitamos los seres vivos) o Hanan Pacha (el mundo de lo superior, el mundo de los dioses).

Refiriéndose al termino pacha, el filósofo y teólogo suizo Josef Estermann llega a conclusiones muy interesantes, las cuales ha reflejado en su libro *Si el sur fuera el norte*, en el que dice: «Filosóficamente, pacha significa el "universo ordenado en categorías espacio-temporales", pero no simplemente como algo físico y astronómico. La palabra griega *kósmos* tal vez se acerque más a lo que quiere decir pacha, incluyendo el mundo de la "naturaleza" al que también el ser humano pertenece» (pág. 76).

La importancia de estar ordenado con respecto al cosmos en la cosmovisión andina es crucial para el desarrollo tanto del planeta como del individuo. Así es descrita por Estermann en su libro *La filosofía andina:* «El ser humano esta insertado dentro de este orden y tiene la función de ser chakana y "cuidador del orden pachasófico"».

Como podemos apreciar, tanto para la cultura andina con «pacha» como para la cultura egipcia con «Maat», son conceptos similares que engloban la necesidad de mantener el orden. Es un punto de encuentro de dos culturas sin aparente contacto. De tal forma que mantener el orden con el universo, el cosmos, es trascendente como símbolo de unión con lo sagrado. El nexo con el orden establecido era necesario para mantener la vida y su ciclo de regeneración continua.

Construcciones milenarias

Durante el viaje que realicé en noviembre de 2013 a Bolivia, tuve la oportunidad de visitar las islas del Sol y de la Luna, que se encuentran en el lago Titicaca. En la isla de la Luna, dedicada al culto de la «Mama Killa» (la Luna), están los restos arqueológicos de su templo, conocido también como «Iñacuyu o palacio de las vírgenes del sol», que eran las sacerdotisas del templo. Todo este templo está elaborado en base a la figura de la chacana.

La chacana como figura de geometría sagrada fue utilizada, como se ha podido comprobar, desde los tiempos preincas para la construcción de edificaciones sagradas, y también para proyectar el lugar donde se alzarían; éste es el caso del que toma como eje central el complejo arqueológico de Tiahuanaco y el lago menor del Titicaca. Cabría señalar que la red geomagnética de esta zona andina converge en este lugar. Con este tipo de planificación, las construcciones sagradas, que se encuentran equidistantes, forman una cruz. Guerrero nos explica que, según los estudios que ha realizado, «la chacana sería el sistema de ordenación utilizado para desarrollar una sociedad y a largo plazo una civilización». Las proporciones geométricas de esta figura fueron tomadas como base de su sistema matemático y para estructurar sus espacios arquitectónicos, de tal manera que los centros de Sechín, Chavín de Huantar y Tiahuanaco, entre otros, fueron planificados tomando las proporciones de esta cruz escalonada.

En Bolivia se encuentra uno de los monumentos considerados más antiguo del mundo, el complejo arqueológico de Tiahuanaco, a más de 3800 m y a 70 km de La Paz. Se le ha calculado una antigüedad de 3600 años. El austrohúngaro Arthur Posnanski, antropólogo, arqueólogo e investigador, tomó especial interés por las ruinas de Tiahuanaco, donde realizó numerosas investigaciones y cuyos resultados publicó en el libro *Tiahuanaco, la cuna del hombre americano*, el cual es un extenso tratado del primer gran estudioso de este lugar. Según sus investigaciones, realizadas con rigor científico, la antigüedad de este centro estaría entre 15 000 y 17 000 años, aunque actualmente la antigüedad de este lugar sagrado sigue siendo objeto de debate entre los investigadores.

El primer centro de la cultura Tiahuanaco era la Casa del Sol y Wiñaymarca, su más antigua ciudad, la cual se encontraba asentada en el lago menor del lago Titicaca. La leyenda cuenta que fue fundada por el gigante Huyustus. Es así como el sabio y sacerdote Huyustus habría sido el primer señor de este reino, de origen atlante, que habría llegado por mar después de que ocurriera una gran catástrofe. Así, los relatos sobre sus primeros pobladores nos refieren que tenían la tez blanca y el pelo rubio; estas personas con otras características físicas a las de la zona también han sido mencionadas por historiadores como Garcilaso de la Vega, quien en los *Comentarios Reales* describe a los hijos del dios Sol, los cuales habrían sido considerados divinidades «por sus palabras y por su tez clara».

En relación a Tiahuanako, se sabe que fue planificada y fundada por los tiahuanacotas, que la levantaron en un vasto territorio edificando un gran número de templos y palacios. Según los nuevos datos que manejan los arqueólogos y otros investigadores, sólo se habría localizado el 10 por 100 de las estructuras. Entre los últimos hallazgos con sofisticados equipos de sonar, se ha podido establecer que existe una cámara de 9,26 m y 5 m de alto, y un pasadizo de 7,84 m y 5 m de alto. Lo que pudiera encontrarse en estos recintos se desconoce. A este dato se suma que ha sido objeto de numerosos saqueos por los denominados huaqueros.

Son parte de este complejo la pirámide de Akapana, el templo de Kalasasaya, el templete semisubterráneo y el complejo Puma Punku. Otros lugares monolíticos son Kantalavia, Putuni y Kerikala.

La pirámide de Akapana es una pirámide escalonada con tres terraplenes. En su parte superior se han encontrado restos de lo que podría ser, según la tradición oral, una cruz andina o chacana.

Por otro lado, está el templo de Kalasasaya, con unos 2000 m^2 de construcción. Estudiosos del mismo han llegado a la conclusión de que el desarrollo de esta cultura era muy avanzada para su época, repitiéndose la misma historia que en otros lugares. En las edificaciones se aprecia que establecían con precisión los solsticios y equinoccios. En este templo, situado en el hemisferio sur, cada 21 de marzo, en el equinoccio de otoño, el sol nace por el vano de la entrada al templo, y el 21 de diciembre, en el solsticio de verano, el sol vuelve a nacer por la parte central del ingreso al templo.

No es la única estructura del complejo con esta singularidad. A ella se une la puerta del Sol, donde se observan las salidas del sol en los solsticios. La puerta del Sol es un enorme bloque de piedra de 12 toneladas que se halla cubierto de inscripciones y figuras enigmáticas. En ella se encuentra representado el dios Sol Llorón. En su parte central y hacia los dos lados de esta deidad, hay 48 figuras, de las que 32 tienen cabeza humana y 16 tienen cabeza de cóndor. En esta estructura, el profesor soviético Jirov, uno de sus estudiosos, observó que los ideogramas del megalito correspondían a un calendario venusino anual, esto es, de 225 días (*véase* Fotografía 11).

El arquitecto y autor de *Presencia del número de oro φ*, Carlos Calvimontes Rojas, en su publicación «Composición armónica y evidencia matemática en la puerta del Sol», describe que la cara anterior de esta puerta presenta proporciones geométricas armónicas que se expresan con un diseño de geometría bilateral de una gran complejidad.

Por otro lado, dentro del complejo de Tiahuanaco, está el gran templete semisubterráneo, en el cual se aprecian 175 cráneos de cabezas diferentes entre sí; se cree que fueron realizadas para dejar constancia de las diversas razas que alguna vez estuvieron en el lugar, destacando la que parece de un ser de otro planeta, uno de los enigmas del complejo. En medio de la plaza del templete, hay tres estelas: una es el monolito Barbado, el más alto, y dos más pequeños, de forma que parece que el templete representara al mundo de abajo, el Uku Pacha.

En este mismo templete del complejo, en el año 1932, el arqueólogo estadounidense Wendell C. Bennett encontró la Estela 10, conocida como monolito Bennett. Es el monolito más grande que hay en Tiahuanako y representa una figura antropomorfa; mide 7,30 m de alto y pesa 17 toneladas. Los grabados que tiene tallados este monolito son actualmente motivo de estudio.

Es importante aclarar que muchos megalitos han sido trasladados de su emplazamiento original a otros puntos diferentes a los lugares en que en su tiempo fueron colocados por los antiguos, lugares donde se conectaban con la tierra y con el cosmos, para lo que habían sido realizados. Es el caso del monolito Bennett, que fue retornado a Tiahuanaco tras permanecer muchos años en la ciudad de La Paz, pero colocándolo en el museo Lítico del complejo, un lugar distinto al original.

Por su parte, Puma Punku, una de las partes más antiguas de Tiahuanaco, es un conjunto de edificaciones fascinantes que sorprende por la exactitud de sus formas. Se desconocen las técnicas utilizadas para lograr esta precisión en un material muy duro como es la diorita. La pregunta es qué clase de tecnología conocían sus gentes que les permitió realizar dicha obra.

Un lago venerado por los antiguos

En el lago Titicaca, el conocido científico e investigador del mundo submarino Jacques Cousteau encontró vestigios de antiguas edificaciones de piedra, corroborando así leyendas que él mismo había escuchado en los pueblos de la zona. Años después, en el 2002, la expedición Geographical Exploring Bolivia Akakor, formada por veinte científicos, pudo verificar que había construcciones en el lago, las cuales tenían camino y gradas. Estos restos están situados entre la isla del Sol y la ciudad de Copacabana. El lago Titicaca y sus islas, como la del Sol y la de la Luna, son considerados sagrados por los lugareños, reviviendo mitos muy antiguos. (*Véase* Fotografía 12).

Más adelante, en el lago, la NASA encontró, en una imagen satelital, una anomalía magnética, considerado uno de los mayores vórtices de energía planetaria, cuya parte central tiene forma de una cruz escalonada, una Chacana. Esta imagen fue captada en la zona del lago menor. Evidentemente, esta anomalía magnética afecta también a todo el complejo arqueológico.

El lago Titicaca es considerado un lago sagrado, de donde, según la leyenda, el dios Tiki Viracocha emergió dando origen a la creación de la civilización. Allí se encuentran numerosas islas de las cuales las más conocidas son la isla del Sol o Inti y la de la Luna o de la Mama Killa. En las inmediaciones de la isla del Sol hay construcciones preincas e incas, igual que ocurre en la isla de la Luna, con el templo que lleva el mismo nombre y en cuyos muros está gravada en 3D la figura geométrica de la Chacana (*véase* Fotografía 13).

La diosa en la tradición andina

Para los ancestrales pueblos de los Andes, la palabra «Pachamama» significa la Madre Tierra, y en ella se contienen dos términos: «pacha», referido al espacio-tiempo que anteriormente hemos explicado, y «mama», la propia naturaleza donde nace, crece y se regenera la vida.

Para la cosmovisión de los pueblos andinos, la forma de vida se desarrolla con el concepto de una familia extensa, donde cada miembro se siente que forma parte de una comunidad. Es lo que denominan Ayni, donde existen trabajos comunitarios y en la que todos participan, como en el caso de la formación de una nueva pareja, en el cual la comunidad les construye una casa. Consideran asimismo que todo en la naturaleza tiene vida; ellos sienten que todo es una unidad de la que forman parte y con la que interactúan.

En honor a la Pachamama, se celebran numerosas ceremonias de agradecimiento denominadas «pagos», los cuales son un acto de reciprocidad con ella por todo lo que les da y también sirven para pedir su apoyo para una buena cosecha o para que otras actividades resulten favorables. En estas ceremonias se suelen hacer ofrendas de hojas de coca, chicha de jora, dulces y lana de llama, entre otras. Por otro lado, son encargadas a sacerdotes andinos denominados «paqos», que son los portadores de la mesa «misha», donde se realiza la ofrenda.

Es así como, el mes de agosto es el mes dedicado a la Pachamama debido a que por un fenómeno natural, en el altiplano andino la tierra se resquebraja; la creencia explica que eso ocurre porque ella tiene hambre, por lo que hay que darle de comer. Cabe recalcar que no existe ninguna celebración que no se comience con un agradecimiento a la Tierra. Se considera que el agua es el flujo sagrado de la Tierra, y los manantiales de origen subterráneo, especialmente sagrados por ser lugares por donde se comunica con la profundidad de la Tierra. Del mismo modo, la Pachamama es la gran diosa y es considerada la esposa de Tata Inti, el Padre Sol. Ella es, pues, la deidad de la fertilidad y la regeneración.

En cuanto a su representación simbólica, en la mitología andina, Pachamama se encuentra representada por la espiral que es el agua y las escaleras que son la tierra; con esta geometría sagrada se representaría que en ella se germina la vida dando un nuevo inicio al ciclo de vida.

La ruta de Wiracocha

Wiracocha, también llamado Tecsi, era el dios principal en el mundo andino preinca, la divinidad creadora de todas las cosas. Se encuentra representado en la denominada puerta del Sol, como hemos señalado anteriormente, en el complejo·arqueológico de Tiahuanaco, una edificación que asombra por su complejidad.

La leyenda de este personaje convertido en deidad cuenta que estableció una ruta donde con el tiempo se construirían los principales centros sagrados de los Andes, conocida como la ruta de Wiracocha. Esta ruta establece un alineamiento geodésico que atraviesa desde Tiahuanaco, en Bolivia, hasta llegar al océano Pacífico, en el Ecuador, pasando por Perú. En tiempos inmemoriales ya era conocida como Qhapaq Ñan o «camino de la sabiduría». En 1977, la doctora María Scholden D'Ébneth, arqueóloga, publicó un trabajo sobre esta ruta tras realizar una serie de investigaciones en varios yacimientos arqueológicos y encontró que mantenían una alineación. Más adelante, efectuando pruebas geodésicas del terreno y etnohistóricas, pudo corroborar que esta alineación estaba en una misma línea recta a 45° norte-sur.

Sobre esta ruta, según dice la leyenda, el dios Wiracocha envió a dos de sus emisarios, a uno hacia el Contisuyo, el norte, y al otro hacia el Antisuyo, el sur, y él se dirigió hacia Cuzco, que es la bisectriz del ángulo formado por el norte y el sur, formando un ángulo de 45°; luego ordenó a su hijo mayor que se dirigiera hacia Pachacamac con la consigna de arreglar los solsticios. Hoy se sabe que Pachacamac, que se ubica al sur de Lima, la capital peruana, fue un importante centro ceremonial de la costa peruana dedicado al Sol. Siguiendo la leyenda, Wiracocha continuó su marcha hacia Cajamarca, desde donde se desvió hacia Puerto Viejo y Manta, en el Ecuador, y el relato continúa que prosigue su marcha caminando sobre las aguas del mar.

Nos detenemos en este interesante dato, pues en la zona de Puerto Viejo y Manta, en el actual Ecuador, se desarrolló la cultura manteña. De Manta se sabe que era un gran centro de peregrinación de la Diosa Umiña, representada en una esmeralda muy fina y grande que tenía la forma de cabeza de mujer. Cada año acudían desde lugares muy distantes de todo el imperio inca hasta este lugar para rendirle culto. Fue conocida también como la diosa de la salud, y esto se debe a las innumerables curaciones que se le atribuían; el propio Garcilaso de la Vega lo cita en sus crónicas como un santuario muy célebre.

La ruta de Wiracocha pasa por lugares sagrados conocidos por ser lugares de una particular energía, como Potosí, Oruro, Tiahuanaco, la isla de Amantani, Pucará, Cuzco y Cajamarca; estos centros se proyectaron con una geometría para conseguir un orden con el cosmos.

María Scholden pudo corroborar que diversas edificaciones sagradas de Perú y Bolivia estaban dispuestas alrededor de esta línea formando una cruz andina, para lo cual habían empleado necesariamente avanzados conocimientos de geometría y matemáticas. Como hemos explicado, estos lugares fueron marcados con el paso del dios instructor y llegan hasta la selva amazónica.

Código wiracocha

En la cosmovisión andina, un ser humano, para convertirse en un hombre completo y de luz, deberá pasar por los tres estados de la divinidad, representados por la serpiente, el jaguar y el cóndor. Estos tres estados de la deidad personifican los tres mundos de su mitología: el Uku Pacha, que es el inframundo; Kay Pacha, el mundo terrenal; y Hanan Pacha, el celestial. Este ser de luz es denominado Chachapuma, el Nuevo Pachacutec.

Es así como el Dios Llorón, del que ya hemos hablado antes y que se encuentra en la puerta del Sol, representa la dualidad andina, el Llananti. El investigador e ingeniero Ricardo Bardales, autor del libro *Código wiracocha*, al tomar unas fotografías de esta representación, giró la figura 180° y descubrió una doble figura, la de un felino.

Ricardo Bardales prosiguió su investigación y encontró que en las culturas de la región andina, como Wari, Caral, Chavín de Huantar, Paracas y Pukara, también se representaba esta simbología, con lo que concluyó que esta cosmovisión se había mantenido en el transcurso del tiempo en diferentes regiones andinas.

Por otro lado, Machu Picchu (*véase* Fotografía 14), la famosa ciudadela inca que se encuentra en la provincia de Urubamba, en Cuzco, es una obra que fue proyectada y realizada durante el reinado del inca Pachacutec. La finalidad de esta construcción era el agradecimiento al dios solar Wiracocha. Está realizada de tal manera que permite seguir una ceremonia a través de sus distintos edificios para ir desde el mundo de abajo, donde se encuentra el mausoleo, luego ir hacia la zona del Inti Huatana, que representa al felino, en este caso el animal sagrado, el jaguar en el mundo terrenal, y luego al templo del Cóndor, el mundo de arriba. El acto ceremonial, según Bardales, debería concluirse en el torreón, donde se encuentra la Roca Sagrada y donde se haya representado el dios Wiracocha.

No muy lejos de Cuzco, en el departamento de Puno, cerca del lago Titicaca, se encuentra la puerta de Hayumarca, que representa esta misma cosmovisión andina. Según nos explica Jorge Luis Delgado Mamani, autor del libro *Sabiduría inka* y redescubridor de la puerta de Aramu Muru o puerta de Hayu Marca, el itinerario ceremonial se inicia en este caso en el bebedero del inca, para proseguir sucesivamente por tres lugares que simbolizan la serpiente, el puma y el cóndor, como en el caso de la ciudadela inca, finalizando el ceremonial de activación en la propia puerta de Hayu Marca, la cual corresponde a una construcción preinca.

Estas ceremonias de iniciación, que, como vemos, son muy antiguas, pretenden apoyar la transformación del hombre hacia un ser solar que emita desde su punto de luz interior o chispa divina.

Conclusiones

Todo lo que hemos explicado a través de los diferentes capítulos del libro tiene como objetivo poner al alcance de todos una parte de la información de lo que comprende el conocimiento ancestral sobre nuestra Madre Tierra. Con esta perspectiva se puede evidenciar que desde el principio de la historia de la humanidad, desde que habitara las cuevas, el ser humano ha sentido estrechar nexos de unión con la Madre, los mismos que han sido realizados con lazos invisibles.

Con ese propósito, atraído por aquellos lugares donde emana con más fuerza la energía de la Madre, ha acudido a realizar a través de los chamanes ceremonias de conexión de lo visible con lo invisible; muchas cuevas, ríos y montañas son testigos mudos de esta búsqueda constante por estrechar vínculos con lo sagrado, con lo que brota desde lo más profundo de su ser.

Para lograrlo, ha utilizado su sensibilidad, de tal modo que sus propios sentidos les señalaban los lugares donde era más favorable percibir a la Madre, en ese entonces a la diosa. Hoy utilizamos además algunos instrumentos que nos permiten medir la intensidad de estas energías. Luego, con el paso del tiempo, las cuevas fueron marcadas con dibujos y pinturas, y en épocas más recientes, se construyeron monumentos, desde los megalíticos, menhires y dólmenes, pasando por pirámides, a templos de todas las religiones y creencias.

El propósito de llegar hasta ellos es conectarse con su propio ser interior, la deidad que late en cada uno de nosotros. En esos lugares se amplifica tanto la percepción de uno mismo como la de otras dimensiones de conciencia.

Este ser que sentimos que es nuestra madre nos proporciona en el plano material todo lo necesario para la vida, de modo que permite nuestra existencia con su fertilidad y renovación constante, pero también en el plano de lo invisible nos permite percibir nuestra propia esencia, enlazar con la deidad que es fuente de toda la creación, y así es como a través de ella podemos trascender.

Para poder conectar con la Tierra en esos lugares por donde sus corrientes surgen y se perciben, podemos hacerlo desde el agradecimiento, con humildad y generosidad, abriendo nuestro corazón y sintiéndonos uno con toda la creación. Por tanto, se trata de sentir que formas parte del torrente de energía que es la propia vida y que se desarrolla en este hermoso planeta azul.

Como sabemos, según la visión de los pueblos ancestrales, todo está dotado de ánima: piedras, montañas, ciervos, jaguares, elefantes, robles, humanos… Cada ser de la naturaleza posee una parte densa, la materia, y otra sutil, el alma; de ahí que los aborígenes de las distintas etnias reverencien la integridad de los seres, considerando que en cada uno de ellos está la propia divinidad contenida.

Los espacios sagrados a donde los seres humanos han peregrinado desde el principio de los tiempos para unirse a la divinidad son también lugares donde se recobra energía y centros de sanación.

Podemos utilizar mantras, instrumentos musicales, hacer ceremonias de agradecimiento; todo esto ayudará a elevar nuestra vibración, pero lo más importante será con qué estado de conciencia e intención llegamos hasta ella, con respeto y en disposición receptiva.

Hemos de recordar que todo obedece a un orden, y el ser humano se conecta a la Madre y al cosmos siguiendo este orden, que es opuesto al caos; para eso utiliza las leyes de la propia naturaleza, que toman cuerpo en la geometría sagrada.

Recordemos que todo está conectado con lazos invisibles; nosotros a lo que nos rodea, a la Tierra, al cosmos.

Por último, un sencillo canto que salga de nosotros mismos hacia la Tierra Madre hará el efecto de un poderoso nexo de acercamiento a ella.

Conectemos nuevamente con la Madre Tierra,
como lo hicieron muchos ancestros.
Seamos uno con ella.

Bibliografía

BARDALES VASSI, R.: *Wiracocha, el código de Tiahuanaco y Machu Picchu*. Universidad Nacional del Altiplano, Puno, 2014.

BARING, A. y CASFORD, J.: *El mito de la diosa*. Ediciones Siruela, Madrid, 2005.

BARANDIARÁN, J. M.: *Mitología vasca*. Editorial Txertoa, San Sebastián, 21.ª edición, 2014.

BAUVAL, R. y HANCOCK, G.: *Guardián del Génesis, la búsqueda del legado oculto de la humanidad*. Editorial Seix Barral, Barcelona, 1997.

BAUVAL, R.: *El misterio de Orión, descubriendo el secreto de las pirámides*. Editorial Edaf, Madrid, 2007.

BRADEN, G.: *La Matriz Divina, un puente entre el tiempo, el espacio, las creencias y los milagros*. Sirio, Málaga, 2013.

BUHIGAS TALLON, J.: *La Divina Geometría: un viaje iniciático a la geometría sagrada al alcance de todos*. La Esfera de los Libros, Madrid, 2008.

CALVIMONTES ROJAS, C.: *Presencia del número de oro ϕ*. Editor Lulu. com.

—: *En la naturaleza y en la obra humana*, editor www.a-dilatando. com, 2.ª edición 2015.

CARPENTIER, L.: *El Enigma de la catedral de Chartres*. Plaza & Janes, S. A. Editores, Barcelona, España, 1976.

DELGADO, J. L.: *Sabiduría inka, hacia un nuevo día*. Editado por el autor, Puno, 2016.

ESTERMANN, J.: *Si el sur fuera el norte, chakanas intelculturales entre Andes y Occidente*. Editorial Abya Yala, Quito, 2008.

—: *La filosofía andina*, del P. editorial Abya-Yala, Quito, 1998, págs. 359.

GIMBUTAS, M.: *Diosas y Dioses de la Vieja Europa*. Ediciones Siruela, Madrid, 2013.

GERSI, D.: *Sabidurías invisibles, chamanismo, hechicería, vudú*. Martínez Roca, Barcelona, 1992.

GONZÁLEZ, R.: *Las enseñanzas de ERKS, mensajes de los seres del Uritorco*. Ecis Publicaciones, Buenos Aires, 2017.

GRAVES, R.: *La Diosa Blanca*. Alianza Editorial, Madrid, 1983.

HUYNEN, J.: *El enigma de las vírgenes negras*. Tela Editorial, Plaza & Janes, Barcelona, 1974.

KRISHNAMURTI, J.: *Sobre Dios*. Editorial Kairos, Barcelona, 1994.

LOAR, J.: *Diosas para cada día. La sabiduría de lo divino femenino*. Editorial Kairos, Barcelona, 2012.

NIETO, A. B.: *Los hijos del caballo*. Ediciones B, Barcelona, 2015.

OSMANAGICH, S.: *Las pirámides del mundo y las pirámides perdidas de Bosnia*. Ediciones Obelisco, Barcelona, 2015.

PEREZ-SANCHEZ PLA, M.: *La Gran Pirámide, clave secreta de la Atlántida*. Larousse, Barcelona, 2016.

Índice

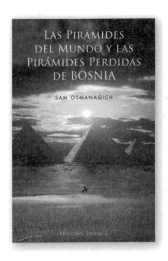

Las pirámides del mundo y las pirámides perdidas de Bosnia
es una mirada en profundidad a las pirámides que se han
descubierto en diversos lugares de la tierra: Bosnia, Egipto, México, Perú, la India, China e incluso en Estados
Unidos. Ilustrada con más de 300 fotografías que docu-
mentan las diferentes localizaciones y las características de
las pirámides, se trata de una obra indispensable.